◁ *Fjordlandschaft am Milford Sound.*

Franz-Josef-Gletscher im Westland-Nationalpark (oben).

FOTOGRAFIE AXEL M. MOSLER
TEXT NELSON WATTIE
HILDESUSE GAERTNER

NEUSEELAND

BUCHER

INHALT

Nelson Wattie

13 NEUSEELAND – VON GEGENSÄTZEN ZUSAMMENGEHALTEN

14 Zwei Kulturen – viele Nationalitäten
16 Zwei Inseln – viele Landschaften
19 Berge und Seen, Vulkane und Erdbeben
22 Günstige Bedingungen für Pflanzen und Vögel
22 Feinde der Ureinwohner
47 Lebensquellen
49 Legenden von den Ureinwohnern
58 Zusammenprall der Kulturen
59 Mission und Annexion
62 Der Goldrausch
68 Die Landkriege
68 Die endgültige «Britisierung»
81 Entfernung von Europa
83 Das urbane Neuseeland

86 Die Hauptstadt	Hildesuse Gaertner	141 Flora und Fauna
86 Die «englischste» Stadt Neuseelands		142 Maori – die Eingeborenen von Neuseeland
111 Das «schottische» Dunedin	141 GEOGRAPHIE · GESCHICHTE KULTUR Ein Glossar	143 Städte und Landschaften
111 Ausprägungen der Kultur		177 Karte
112 Die frühe Literatur		178 Register
113 Die Prosa des 20. Jahrhunderts	141 Neuseeland – eine Topographie in Stichworten	180 Bildnachweis
116 Ausblick		

◁ UREWERA NATIONAL PARK *Der Urewera-Nationalpark ist seit tausend Jahren von Tuhoe-Maori bewohnt, doch sind weite Teile des riesigen Gebietes nur schwer zugänglich. Gewaltige Niederschlagsmengen lassen eine üppige Vegetation wuchern und mächtige Wasserfälle von den Felsen stürzen.*

NINETY MILE BEACH *Die äußerste Spitze der Nordinsel weist wie ein Zeigefinger gen Norden. An dieser Küste erstreckt sich der Ninety Mile Beach, ein endlos erscheinender Strand mit bis zu hundert Meter hohen Dünen, die man bepflanzt hat, um sie am Wandern zu hindern.*

SCHAFZUCHT Im fruchtbaren Umland des Te-Anau- und des Manapouri-Sees liegt eine riesige Schaffarm, die zwischen Oktober und April als ein Musterbetrieb für die neuseeländische Schafzucht besichtigt werden kann.

RUSSELL *Der von den Robben- und Walfängern einst «Höllenloch des Pazifik» genannte Ort Russell an der Bay of Islands ist heute ein idyllischer Ferienort. Hier steht die älteste Kirche Neuseelands aus dem Jahr 1836.*

Inmitten des vulkanischen Gürtels
der Nordinsel liegt der Tarawera-See.

Detail der Backbordseite eines
Maori-Kriegsschiffs im Museum von

Das subtropische Klima läßt hier
baumhohe Farne gedeihen.

Waitangi, das Schnitzereien der
Maori-Stämme der Nordinsel zeigt.

LAKE TARAWERA ▷

MAORI-SCHNITZKUNST ▷ ▷

Nelson Wattie

NEUSEELAND – VON GEGENSÄTZEN ZUSAMMENGEHALTEN

Im grauen mitteleuropäischen Winter träumt so mancher von den unberührten grünen Landschaften und dem gleichmäßigen Klima Neuseelands. Man stellt sich gern vor, in einem solchen Land den Problemen einer überzüchteten Zivilisation entkommen zu können. In der Tat gibt es in Neuseeland Landschaften, etwa das Gebiet um den Wanganui-Fluß, die mit modernen Verkehrsmitteln nicht zu erreichen sind. Da muß man sich auf andere Möglichkeiten besinnen, zum Beispiel eine Kanufahrt, auf die man im Winter allerdings verzichten sollte, denn dann verwandeln Stürme den friedlichen Strom in ein wild brausendes, Bäume mitreißendes Ungeheuer. In jedem Sommer aber fahren Abenteuerlustige mehrere Tage lang stromabwärts, was ein großartiges Erlebnis, aber beileibe keine leichte Aufgabe ist. Über weite Strecken fließt das Wasser sehr langsam, und man muß sich kräftig anstrengen, um überhaupt voranzukommen; an anderen Stellen muß man gegen Stromschnellen kämpfen. Ohne erfahrene Begleitung am besten eines Eingeborenen, eines Maori, dessen Vorfahren die Kunst des Kanufahrens erfunden haben, sollten Neulinge eine solche Fahrt nicht unternehmen. Anstrengend bleibt das Abenteuer in jedem Fall. Die Belohnung für alle Anstrengung aber ist der «Busch», der einen umgibt: die grüne Welt der unberührten Natur, wo tagelang keine Straße, kein Mensch, kein Haus zu sehen sind und wo man als einzige Geräusche das Rauschen von Wasser und Wind und die vereinzelten Rufe unsichtbarer Vögel vernimmt.

Eine solche Kanufahrt scheint viele Vorstellungen und Mythen von Neuseeland zu bestätigen – eine saubere Umwelt, eine Männergesellschaft, in der Muskelkraft das wichtigste Merkmal für den Kampf mit der Natur darstellt, ein Paradies für sportliche Menschen, ein Land, in dem hingegen Bücher und eine hohe Kultur nicht gefragt sind, eine klassenlose Gesellschaft, ein Land der Rassenharmonie und doch ein Land, wo die meisten Menschen britischer sind als die Briten selbst.

Nun, man kann für solche Stereotypen Bestätigung suchen und finden, doch die Wahrheit ist viel komplizierter. Der Urwald an den Ufern des Wanganui-Flusses ist in der Tat noch immer so, wie er war, bevor Menschen das Land betreten haben, allerdings nur dort – zwischen Taumaranui und Pipiriki –, wo solche Kanureisen üblich und wo andere Formen des Schiffsverkehrs verboten bzw. unmöglich sind. Ab und zu begegnet man einem Aufseher in seinem Jet-Boat, der einen an die von Menschen geprägte Welt erinnert, die man in einem solchen Gefährt in einer Stunde erreichen könnte, während man selbst noch zwei Tage mit dem Kanu zu bewältigen hat. Pipiriki ist heute kaum mehr als eine Anlegestelle; noch immer kann man in dem gestrandeten alten Flußdampfer herumsteigen, der eine Erinnerung an die Zeiten ist, als Touristen aus der Alten Welt hierherkamen, um im eleganten «Pipiriki House» zu übernachten.

Am unteren Teil des Flusses, von Pipiriki bis zur Stadt Wanganui, betritt man eine andere, aber auch sehr sehenswerte Welt. Hier benutzt man am besten das Auto, denn es gibt eine Straße am Ufer entlang. Die Siedlungen sind klein, und die meisten Menschen, die hier leben, sind Maori. Die Landschaft ist noch immer wunderschön, aber keinesfalls unberührt. Felder, Schafe und aus Europa eingeführte Bäume prägen sie, doch immer wieder trifft man auf erodierte Stellen, die durch Rodung entstanden sind. Hier am Wanganui ist die Erosion nicht einmal sehr fortgeschritten, aber wer durch die weiter östlich gelegenen Gebiete von Hawke's Bay oder durch Central Otago auf der Südinsel fährt, kann die großen Narben an den Hängen nicht übersehen, wo die Erde durch die Zerstörung der Urflora den Schutz der Blätter und die bindende Kraft der Wurzeln verlor, so daß große Teile der Erdoberfläche einfach in die Täler hinabgerutscht sind. Viele Landschaften, die den Besuchern in Neuseeland so schön grün und ursprünglich vorkommen, sind von Menschenhand gestaltet worden. Brandrodung war in der Pionierzeit gang und gäbe, und dort, wo jetzt Schafe weiden, standen früher einmal jahrhundertealte Riesenbäume.

Und trotzdem: Wer einmal auf einem neuseeländischen Berg gestanden und gesehen hat, daß die Sicht ungetrübt bis zum Horizont reicht, und dabei an den Dauerdunst Europas dachte, der ist dafür dankbar, daß es noch Länder gibt, wo die Luft kristallklar und die meisten Gewässer sauber sind. Obwohl die «Grünen» auch in Neuseeland mit Recht ihre mahnende Stimme erheben, sind die Zivilisationskrankheiten hier viel seltener als in den meisten anderen Ländern der Erde.

Und der Mythos von den Männern, die ihre Muskelkraft gegen die Natur erproben? Die harten Bedingungen der Pionierzeit haben ein Bild von einem Land entstehen lassen, das von Männern und von männlichen Werten geprägt ist. Nicht nur der Alltag des Landarbeiters, der den Wald rodete, Zäune errichtete und mühsam sein Haus baute, die Felder bestellte, Kartoffeln anbaute und das Vieh versorgte, bestimmt dieses Bild. Auch der Goldrausch der 1860er Jahre, der den Süden und Westen der Südinsel mit Männern geradezu überflutete, oder auch die Landkriege zwischen Maori und Europäern, die ebenfalls in den sechziger Jahren des 19. Jahrhunderts stattfanden und Teile der Nordinsel in eine Hölle verwandelten, in der die Männer brutal kämpften und die Frauen Obdach in kleinen Städten suchten – all dies hat dazu geführt, daß man Neuseeland als ein von Männern geprägtes Land ansah, und solche Bilder bleiben auch dann lebendig, wenn ihre Voraussetzungen nicht mehr zutreffen.

In den letzten Jahren haben Historikerinnen und Historiker das Bild des 19. Jahrhunderts geradegerückt und die Leistungen der Pionierfrauen gewürdigt. Diese standen keinesfalls tatenlos herum und warteten auf die Heimkehr der Männer, sondern versorgten von früh bis spät ihre großen Familien, verrichteten die Arbeit auf den Feldern und vieles mehr. Wer sich ein Bild von der Frauenarbeit in der Siedlungsgeschichte Neuseelands machen will, von der enormen Leistung der Frauen unter widrigen Umständen, sollte das Early Settlers Museum in Dunedin besuchen, wo Arbeitsgeräte und alte Fotografien das Leben der frühen Siedler anschaulich machen.

Daß Neuseeland eine Männergesellschaft sei, kann nur behaupten, wer die Augen vor den großen Leistungen verschließt, die Frauen oft von der Öffentlichkeit unbemerkt vollbracht haben. Ähnlich ist es mit der Vorstellung, daß in Neuseeland im Vergleich zu anderen Kolonialstaaten das Verhältnis zwischen Kolonisatoren und Eingeborenen relativ frei von Diskriminierung gewesen sei. An dieser Vorstellung konnte man noch bis vor dreißig Jahren festhalten, allerdings nur, wenn man vieles absichtlich oder unwissentlich übersah. Man verwies auf Rassenunruhen in aller Welt, auf das damals aufkeimende Apartheidproblem in Südafrika und die Bürgerrechtsbewegung in den USA und meinte, in Neuseeland lebten Maori und Europäer friedlich zusammen und die Bürgerrechte seien hier für alle Rassen längst verwirklicht. Heute würde das niemand behaupten, was nicht heißt, daß die Situation sich verschlechtert hat. Es könnte im Gegenteil bedeuten, daß das Bewußtsein sich gewandelt hat und man jetzt eher bereit ist, Ungerechtigkeiten abzuschaffen.

Zwei Kulturen – viele Nationalitäten

Die Ungerechtigkeit fing meist mit dem Landerwerb an. Die ersten Siedler haben den Maori weite Teile des Landes abgekauft, wobei unzählige Fragen offenblieben: War der angebotene Preis

*Links: In Bluff, der Hafenstadt an der Südspitze der Südinsel, wo die Fähren nach Stewart Island ablegen, hat ein Sammler sein Haus mit Muscheln ausgekleidet.
Rechts: In der Maori-Schnitzwerkstatt in Rotorua.*

gerecht? Haben die Maori immer gewußt, was «verkaufen» bedeutet, insbesondere wenn es sich um Land handelte, das doch wie die Luft allen gehörte? Hatte der einzelne Verkäufer das Recht, das zu verkaufen, was sich in kommunalem Besitz befand? Wie waren die Besitzverhältnisse unter den alten Maori geregelt? Außerdem wurden große Teile des Landes infolge von Kriegshandlungen oder anderen Konflikten annektiert und konfisziert. Ging es dabei gerecht zu? Andere Gebiete wiederum blieben im nominalen Besitz der Maori und wurden trotzdem von der neuen Zivilisation genutzt. Waren und sind die Entschädigungen in solchen Situationen angemessen?

Diese Fragen haben die Geschichte des Landes seit der Ankunft der Europäer begleitet. Aber die Maori haben mehr als ihr Land verloren. Bräuche, Lebensformen, Rituale, kulturelle Werte, auch kultische Gegenstände, die jetzt europäische Museen zieren, gingen mit verloren. Der Anschluß an die neuen Werte verlief nicht problemlos, so daß die heutigen Maori in Gefängnissen, psychiatrischen Kliniken, unter den Ungelernten und in den ärmeren Gegenden und Stadtvierteln überrepräsentiert, dagegen in den Bildungsstätten und reichen Villenvierteln unterrepräsentiert sind. Die Situation wird, besonders in Auckland, noch durch die Anwesenheit von Minderheiten von anderen pazifischen Inseln kompliziert. Menschen aus Samoa, Niue, Tokalau, von den Cook-Inseln und anderen Inselgruppen versuchen, zumindest teilweise an ihren Kulturen festzuhalten, was zur bunten Vielfalt und Faszination des neuseeländischen Lebens beiträgt, aber auch Spannungen mit sich bringt.

Überhaupt scheint es eines der hartnäckigsten Vorurteile zu sein, daß Neuseeland ein Land ist, das von zwei Kulturen, der der Maori und der der Europäer oder Pakeha, beherrscht werde. Wie aber passen in dieses Bild zum Beispiel die vielen Chinesen, die in manchen Fällen seit mehreren Generationen in Neuseeland leben? Sie sind weder Maori noch Pakeha, aber Neuseeländer sind sie doch. Das gilt auch für die indischen Familien, die besonders als Besitzer kleiner Eckläden auffallen. Ihre Kinder, die englisch mit dem lokalen Akzent sprechen, besuchen dieselben Schulen und Freizeiteinrichtungen wie die anderen Kinder. Und die Leute, die angeblich so britisch sind, tragen oft skandinavische, deutsche, italienische, baltische oder slawische Namen.

Die ersten europäischen Siedler waren Walfänger, Menschen ganz unterschiedlicher Herkunft. Später wanderten aus allen möglichen europäischen und asiatischen Ländern Goldgräber ein. Sicherlich hatten die urbritischen Siedlungen der New Zealand Company in Wellington, Wanganui, Nelson und Christchurch bedeutenden Einfluß auf die spätere neuseeländische Gesellschaft, und unter Reisenden war es üblich, die englische Atmosphäre von Christchurch und die schottische von Dunedin hervorzuheben. Auch heute noch ist diese Atmosphäre auffallend. Trotzdem war es immer eine ungerechtfertigte Vereinfachung, die Vielfalt der nichtpolynesischen Kulturen zu übergehen. Bei den Maori ist es nicht viel anders, denn meistens empfindet der einzelne auch heute, daß er vor allem einem Stamm und erst dann dem «Volk» der Maori angehört – etwa wie jemand sich zuerst als Bayer und erst in zweiter Linie als Deutscher begreift. Die vielen Einwanderer anderer polynesischer Kulturen, die inzwischen ebenfalls seit mehreren Generationen in Neuseeland leben, haben zu einer noch größeren Vielfalt beigetragen. Obwohl man auch heute gern von den «zwei Völkern» Neuseelands spricht, ist und war das den komplizierten sozialen Verhältnissen in Neuseeland immer unangemessen.

Ob Maori in Auckland (links) oder englischstämmige Bewohner von Wellington (rechts) – das Erscheinungsbild der Neuseeländer verrät ihre multikulturellen Wurzeln.

Oben: Am Ostrand der Alpenkette liegen einige herrliche Seen, darunter der türkisfarbene Tekapo-See. Unten: Plankenweg durch das Gelände des Waitangi National Reserve, auf dem an historischer Stelle über die Geschichte der Maori und ihre Handwerkskunst informiert wird.

Zwei Inseln – viele Landschaften

Vielfalt ist eine der wesentlichen Eigenschaften nicht nur der Bevölkerung, sondern auch der Landschaften Neuseelands. Umsonst sucht man «die» typische Szenerie. Die Küste ist außerordentlich lang im Verhältnis zur Landmasse. Lange einsame Strände gibt es genauso wie gefährliche Klippen mit tückischer Brandung. Im Südwesten der Südinsel haben gesunkene Gletschertäler zerklüftete Fjorde und Schluchten gebildet. Die Westseite der Southern Alps auf der Südinsel ist von dichten Regenwäldern geprägt, an der Ostseite aber, wo es viel seltener regnet, sind die Hänge vorwiegend mit gelben Grasbüscheln bedeckt. Auf der Nordinsel gibt es eine «Wüste», die aber wenig mit den Sandwüsten der nördlichen Halbkugel gemeinsam hat, vielmehr eine unfruchtbare, mit trockenen Sträuchern bewachsene steinige Gegend ist. Eine «Benzinwüste» ist sie allerdings ebenfalls, das heißt, es gibt keine Tankstellen, und Autofahrer fürchten sich vor einer Panne auf der Desert Road (Wüstenstraße). Fast überall gibt es Berge, aber die vulkanischen Berge der Nordinsel mit ihren erstarrten Lavamassen sehen ganz anders aus als die Berge der Südinsel, die den europäischen Alpen ähneln, nach denen sie benannt sind. Außerdem gibt es weite Ebenen wie die Canterbury Plains um Christchurch oder das Obstanbaugebiet der Heretaunga Plains um Napier und Hastings. Wer in Neuseeland unterwegs ist, wird immerzu neue Landschaftsformen und Aussichten entdecken.

Wasser beherrscht die meisten Landschaften. Nie ist man weiter als hundert Kilometer vom Meer entfernt, aber auch im Landesinneren fallen die vielen Flüsse und Seen auf. Im «Fjordland» ist es nicht immer leicht zu erkennen, ob man Meer oder ein Binnengewässer vor sich hat, denn einerseits winden sich die Fjorde zwischen hohen Bergen tief ins Land hinein, und andererseits

Oben: Eines der größten Kriegskanus der Maori (es faßt hundertfünfzig Krieger) ist auf dem Gelände des Waitangi National Reserve ausgestellt. Unten: Landschaftsimpression aus dem äußersten Norden Neuseelands.

Links und Mitte: Am Milford Sound in der faszinierenden Bergwelt des Fjordlands kann man alpine Bergtouren unternehmen oder sich das Naturschauspiel aus dem Flugzeug anschauen.

sind die Seen ebenfalls langgestreckt und von Bergen umgeben, denn alle diese Gewässer füllen riesige Gletschertäler der Eiszeit. Der bekannteste See in dieser Region ist Lake Wakatipu; an seinem Ufer liegt der touristische Mittelpunkt Queenstown. Auf der Landkarte sieht der Wakatipu wie ein gedehntes S aus. In alter Zeit suchten hier die Maori «Greenstone» oder «Pounamu» – Jade, die als sehr wertvoll galt und aus der sie wunderschöne Kult- und Ziergegenstände herstellten, die heute in Museen zu besichtigen sind.

Die Europäer fanden in der Nähe von Wakatipu ein anderes Gestein, das sie noch höher schätzten, nämlich Golderz. Unter abenteuerlichen Umständen hatte William Rees am Westufer von Wakatipu eine Schaffarm errichtet, aber bereits nach zwei Jahren, als William Fox 1861 im nahen Arrowtown Gold entdeckte, hatte seine Einsamkeit ein Ende. Zwei von Rees' Schafscherern fanden Gold im Shotover River, und innerhalb von zwei Monaten waren sie um viertausend Pfund reicher. Es folgte nicht der erste, wohl aber der größte Goldrausch in der Geschichte Neuseelands. Aus dem Schäfer Rees wurde der Bankier, Ladenbesitzer und Patriarch einer wachsenden Kolonie. Seine Wollscheune baute er zu einem Hotel aus. Wo sein bescheidenes Haus gestanden hatte, entstand nun der Kern der lebhaften Stadt Queenstown. Heute kommen Menschen aus aller Welt dorthin, um schöne Spaziergänge, lange Wanderungen, harte Bergtouren und im Winter Skitouren zu machen und vor allem, um den See und seine Berge, die Remarkables, zu bewundern.

Wakatipu ist nur einer der vielen großen und kleinen Bergseen der Gegend: Manapouri, Te Anau, Wanaka und Hawea, um nur einige besonders schöne zu nennen. Unter den ähnlich aussehenden Fjorden sind besonders beeindruckende in Milford, wo sicherlich eine der dramatischsten Landschaften der Welt zu finden ist. Schon die Straße dorthin, ein in die Berge geschnitte-

ner steiler Weg, ist aufregend. Links und rechts der Straße steigt der Hang steil an. Die Straße führt schließlich durch einen Tunnel, der den enormen Höhenunterschied überwindet. Man kann auch von Te Anau nach Milford zu Fuß gehen – vier bis fünf Tage den Milford Track entlang, eine Tour, die unter Kennern als die schönste Wanderung der Welt gilt. Hier stimmt es wieder, das Bild von der unberührten Natur.

Berge und Seen, Vulkane und Erdbeben

Aber nicht nur das Lake County hat Seen zu bieten. Etwas weiter nördlich liegt Lake Matheson, in dem sich die höchsten Berge des Landes, Mount Tasman (3496 Meter) und Mount Cook (3762 Meter), spiegeln, ein Bild, das Unmengen von Pralinenpackungen und Touristenplakaten ziert. Im Norden der Südinsel liegt der Nelson-Lakes-Nationalpark, ein beliebtes, von zwei Seen gepräg-

tes Wandergebiet. Die Maori erzählen, daß die beiden Seen von dem Riesen Rakaihautu ausgehoben worden seien. Auch die Nordinsel hat ihre Seen, etwa Lake Taupo, den größten See des Landes mit seinen schönen, ruhigen Buchten, wie der Acacia Bay, und kristallklarem Wasser, durch das man weitab vom Ufer bis auf den in großer Tiefe liegenden Grund sehen kann. An den frischen Zuflüssen zum Lake Taupo stehen die Sportangler und warten auf Forellen, die manchmal Weltrekordgröße haben.

Erstaunlich und vielleicht bedenklich ist, daß dieser große See einen riesigen Krater füllt. Er ist einer der vielen erloschenen Vulkane auf der Nordinsel. Im Stadtgebiet von Auckland zum Beispiel gibt es 63 Stellen, wo in geologisch junger Zeit Vulkanausbrüche stattgefunden haben, und manche der schönen Aussichtspunkte in Auckland sind Vulkane. Im Zentrum der Insel gibt es andere, die keinesfalls erloschen sind. Der konische Berg Ngauruhoe etwa läßt Dampf und Gas zum Himmel steigen, und alle

Aus der Vogelperspektive, etwa bei einem Flug mit dem Helikopter, kann man am besten das ganze Ausmaß eines Gletschers erfassen. Das Bild zeigt die Gletscherzunge des Fox Glacier (rechts).

Während die Gebirgswelt des Fjordlands von Gletscherausschürfungen geprägt ist (oben), bestimmen den vulkanischen Gürtel um Rotorua abgelagerte Lavamassen und die ausgewaschenen Kieselterrassen des Thermalquellgebiets, aus denen schweflige Dämpfe aufsteigen (unten).

paar Jahre speit er Asche und Lava. Der Ruapehu sieht ruhiger aus. Er ist ein beliebtes Ziel für Skifahrer, doch auch er ist ein aktiver Vulkan, dessen Kratersee immer heiß ist, obwohl er von Schnee umgeben ist. Der dritte Berg in dieser Gegend ist ebenfalls ein Vulkan, der aber seit Jahrhunderten nicht mehr tätig ist. Er hat dem ganzen Gebiet seinen Namen verliehen: Tongariro-Nationalpark.

Die Maori erzählen, daß alle Berge der Nordinsel früher in dieser Gegend zusammengelebt hätten. Nur einer, Pihanga bei Turangi, war weiblich, und diese Schöne liebten alle anderen. Natürlich blieb die Eifersucht nicht aus, und man kämpfte um sie; Sieger war der Tongariro, und so kommt es, daß heute nur er in Pihangas Nähe stehen darf. Taranaki (Mount Egmont) floh westwärts und grub dabei das Wanganui-Tal aus. Heute steht er eindrucksvoll als konischer Berg in der sonst eher flachen Gegend um New Plymouth. In der Nähe liegt ein Moor – dort, wo Taranaki sich mit seinem Riesengewicht zur Rast niedergelassen haben soll. Putauaki fühlte sich vom warmen Klima der Bay of Plenty angezogen und steht jetzt bei Kawerau, wo er als der heilige Berg des Stammes Ngati Awa angesehen wird und in der Sprache der Pakeha Mount Edgecumbe heißt. Der melancholische Tauhara kam nur langsam voran und drehte sich immer wieder um, um Pihanga zu bewundern. Als die Sonne aufging und die Berge sich nicht mehr bewegen durften, hatte er erst das nordöstliche Ufer von Lake Taupo erreicht, und dort steht er noch heute. Sein Name bedeutet «der einsame Berg».

Taupo liegt am Rande des Thermalgebiets, einer der wichtigsten Sehenswürdigkeiten des Landes. Neben Yellowstone (USA) und Island ist dies einer der drei Orte auf der Welt, wo es viele Geysire auf engem Raum gibt. Ein Geysir entsteht, wenn Wasser aus Seen und Flüssen in heißes Gestein hinabsickert, sich in engen Röhren und Kammern im Gestein aufheizt und dann

Oben: Der obere Teil des Fox-Gletschers im Westland National Park, einer Gebirgswelt mit vielen Dutzend Gletschern, von denen sechzig mit eigenem Namen versehen wurden.
Unten: Lake Taupo, heute ein beliebtes Freizeitziel, ist ein Kratersee, der vor zweitausend Jahren durch einen Vulkanausbruch entstand.

durch Bodenlöcher ausbricht. Dabei nimmt das Wasser Mineralien aus dem Gestein auf, die es verfärben, so daß sich um den Geysir oft bunte, schön geformte Steinplatten bilden. So entstanden die «Blauen und Weißen Terrassen», die als Weltnaturwunder galten, bis sie 1886 beim Ausbruch des Vulkans Tarawera unter Lava begraben wurden. Die Mineralien sollen medizinische Heilwirkung haben, und so trinken Erholungsuchende gern das Wasser oder baden darin. Aufgrund dessen haben sich Rotorua und andere kleine Städte zu Touristenzentren und Kurorten entwickelt. Die dort noch lebendige Maorikultur, die auch touristisch genutzt wird, ist eine weitere Attraktion der Gegend.

Die Berge der Südinsel sind nicht vulkanischen Ursprungs. Die Insel ist fast über ihre ganze Länge durch eine geologische Verwerfung zweigeteilt. Diese «faltet» das Land in der Weise, daß die Südalpen an ihrer Westseite steil von der Küste ansteigen, an der Ostseite dagegen nur allmählich zu den Küstenebenen abfallen. Seit 185 Millionen Jahren werden diese Berge ständig höher, obwohl sie gleichzeitig von Regen, Gletschereis und Wind unablässig erodiert werden. Große Flüsse tragen das Geröll in den Pazifischen Ozean.

Die Erde ruht nicht in Neuseeland. Durch unterschiedliche Spannungen der Erdschichten entstehen nicht selten Erdbeben. Besonders in der Gegend um die Cook-Straße zwischen den beiden Hauptinseln gibt es mehrmals im Jahr spürbare Erdbewegungen, und die Wissenschaftler versichern, daß es darüber hinaus ständig Bewegungen gibt, die wir normalerweise nicht wahrnehmen. Gelegentlich fallen dann in den Häusern ein paar Bücher vom Schrank, und die Deckenlampen schwingen hin und her, aber größere Schäden sind selten. Das größte Beben seit Ankunft der Europäer fand 1855 in der Gegend um Wellington statt. Das Land stieg um drei Meter, und Teile der heutigen Innenstadt von Wellington tauchten erst damals aus dem Meer auf. Da man vorsorglich aus Holz gebaut hatte, kamen dabei «nur» zwölf Menschen um. 1942 erlebte Wellington ein zweites großes Beben, diesmal ohne Menschenverluste. Die schlimmste Katastrophe bis heute war das Erdbeben in Napier 1931, bei dem man 256 Tote zu beklagen hatte. Die Stadt wurde weitgehend zerstört, eine Lagune verschwand fast völlig. Danach mußte die Stadt neu erbaut werden und kann sich heute rühmen, mehr Häuser im Stil des Art deco zu besitzen als jede andere Stadt der Welt. Jedes Jahr hält man in Napier einen internationalen Art-deco-Tag ab. Heute wird in den Städten, besonders in Wellington, «erdbebensicher» gebaut, doch wartet man gespannt auf ein Ereignis, bei dem sich diese Bauweise bewähren muß.

Günstige Bedingungen für Pflanzen und Vögel

Berge und Wasser bestimmen weitgehend das Klima in Neuseeland. Das Meer braucht bekanntlich länger als das Land, um sich abzukühlen oder sich zu erwärmen, so daß ein von Meer umgebenes Land weniger Temperaturextreme kennt als ein kontinentales Land. Im allgemeinen ist das Wetter mild, der Sommer mäßig warm, der Winter mäßig kalt. Allerdings gibt es viele lokale Unterschiede. Der vorherrschende Westwind bringt viel Regen, besonders an die Westküste der Südinsel, und sorgt an der Ostküste beider Inseln für relative Trockenheit. Überhaupt muß man mit dem Wind leben, nicht nur in «Windy Wellington». Er weht kräftig, manchmal sogar stürmisch über das ganze Land und sorgt dabei für immer neue Wetterlagen, so daß man nie mit Dauerregen oder tagelang herabbrennender Sonne rechnen muß.

Reichlich Regen und Sonnenschein begünstigen das Wachstum einer Vielfalt von Pflanzen. Man findet auf den Inseln zwar keine tropischen Dickichte, aber ob wir an die eigenartigen Urwälder, die vielen aus Europa eingeführten Blumen, Sträucher und Bäume oder die für die Agrarwirtschaft so wichtigen Gräser denken – in diesem Klima scheint alles besonders schnell zu wachsen. Die Einzigartigkeit der Pflanzen und Tiere, die Neuseeland ursprünglich bevölkerten, geht hauptsächlich darauf zurück, daß in sehr früher Zeit, schon vor 85 Millionen Jahren, die Inseln von allen Landmassen abgetrennt waren und so die Zuwanderung fremder Lebewesen begrenzt blieb. Als zum Beispiel die ersten Schlangen Australien erreichten, gab es bereits ein weites Meer zwischen den beiden Ländern, so daß Neuseeland eines der wenigen schlangenfreien Länder der Welt ist. Aus ähnlichen Gründen besteht der Busch aus Bäumen, die größtenteils ausschließlich hier vorkommen.

Der Mangel an aggressiven Lebewesen hat es möglich gemacht, daß zum Beispiel der Kiwi ungefährdet existieren konnte. Dieser Vogel kann schlecht sehen und überhaupt nicht fliegen. Bevor die Menschen Hunde und andere Tiere mitbrachten, hatte er nur wenige Feinde. Er ist einer von mehreren flugunfähigen Vögeln in Neuseeland. Andere, wie zum Beispiel der lustige «Fantail» (Fächerschwänzchen), zeigen wenig Angst vor Menschen und fliegen und zwitschern um einen herum, weil die Feindlosigkeit ihrer früheren Existenz die geschichtliche Entwicklung der Angst nicht gefördert hat. Abgesehen von der neuseeländischen Fledermaus, gab es keine Säugetiere im Land, bis die ersten Polynesier Hunde und Ratten einführten. Das war der Anfang einer langen Reihe von biologischen Ereignissen, durch die sich die Urwelt der Pflanzen und Tiere radikal änderte. Die frühesten Polynesier werden von Ethnologen «Moa-Hunters» genannt, weil sie den Riesenvogel Moa, der bis zu vier Meter groß werden konnte und dem Strauß ähnlich sah, jagten und wahrscheinlich ausrotteten. Heute kann man im Museum ein Moa-Skelett bewundern. Einheimische Gänsearten, Schwäne, Adler und Krähen waren ebenfalls bereits bei Ankunft der Europäer ausgestorben. Diese Vögel jagten die Maori, indem sie Feuer legten; so zerstörten sie viele Wälder, schon bevor die Europäer kamen.

Feinde der Ureinwohner

Seit Ankunft der Europäer sind viele Vogelarten ausgestorben, andere gefährdet. Sie sind oft nur noch in den entfernten, schwer zugänglichen Gebieten, vor allem im Fjordland, zu finden. Die

Fortsetzung Seite 47

◁ BEI CAMBRIDGE *Die Landschaft um Cambridge am Waikato-Fluß ist durch hügeliges Weideland geprägt. Bekannt ist diese Gegend vor allem für die Pferdezucht.*

RINDERZUCHT   *Bei Waitangi an der Bay of Islands stellen sich die schwarzen Rinder einer Zuchtfarm zum Gruppenbild. Neuseelands Vieh trägt wesentlich zum Wohlstand des Agrarstaates bei.*

SCHAFZUCHT *Schafe sind Neuseelands wichtigster Wirtschaftsfaktor, Wolle und Fleisch ein bedeutender Exportartikel. Diese Schafe auf einer Farm bei Woodville sind Vertreter der traditionellen Romneys, die vor den neugezüchteten Perendales immer noch den ersten Platz einnehmen.*

BEI ROTORUA *Das durch geothermische Felder so heilsame feuchtwarme Klima bei Rotorua kommt auch den Schafen zugute, die auf den Weidehügeln um den Blue Lake weiten Auslauf haben.*

BUSCH *Die Neuseeländer nennen ihre ursprünglichen, nicht von Menschenhand angelegten Wälder «Busch». Der Busch setzt sich aus einem dichten Geflecht von Bäumen und Sträuchern, Farnen, Epiphyten, Gräsern und Moosen zusammen ...*

... Beide Bilder auf dieser Doppelseite sind im Waipoua Kauri Forest entstanden, einem immergrünen Urwald an der Westküste der Nordinsel, den man auf Pfaden durchqueren kann.

UREWERA NATIONAL PARK *Im Urewera-Nationalpark bestimmen vorzugsweise die auch in Europa bekannten Yuccapalmen die vielfältige Flora des Buschs.*

BEI ROTORUA Zwar gibt es auf Neuseelands Inseln fast überall Thermalquellen, doch im Gebiet um Rotorua dampft es aus allen Spalten und Erdlöchern …

… In der Luft liegt hier ständig der faulige Geruch der Schwefelquellen, denen Kenner eine Reihe heilsamer Wirkungen zuschreiben.

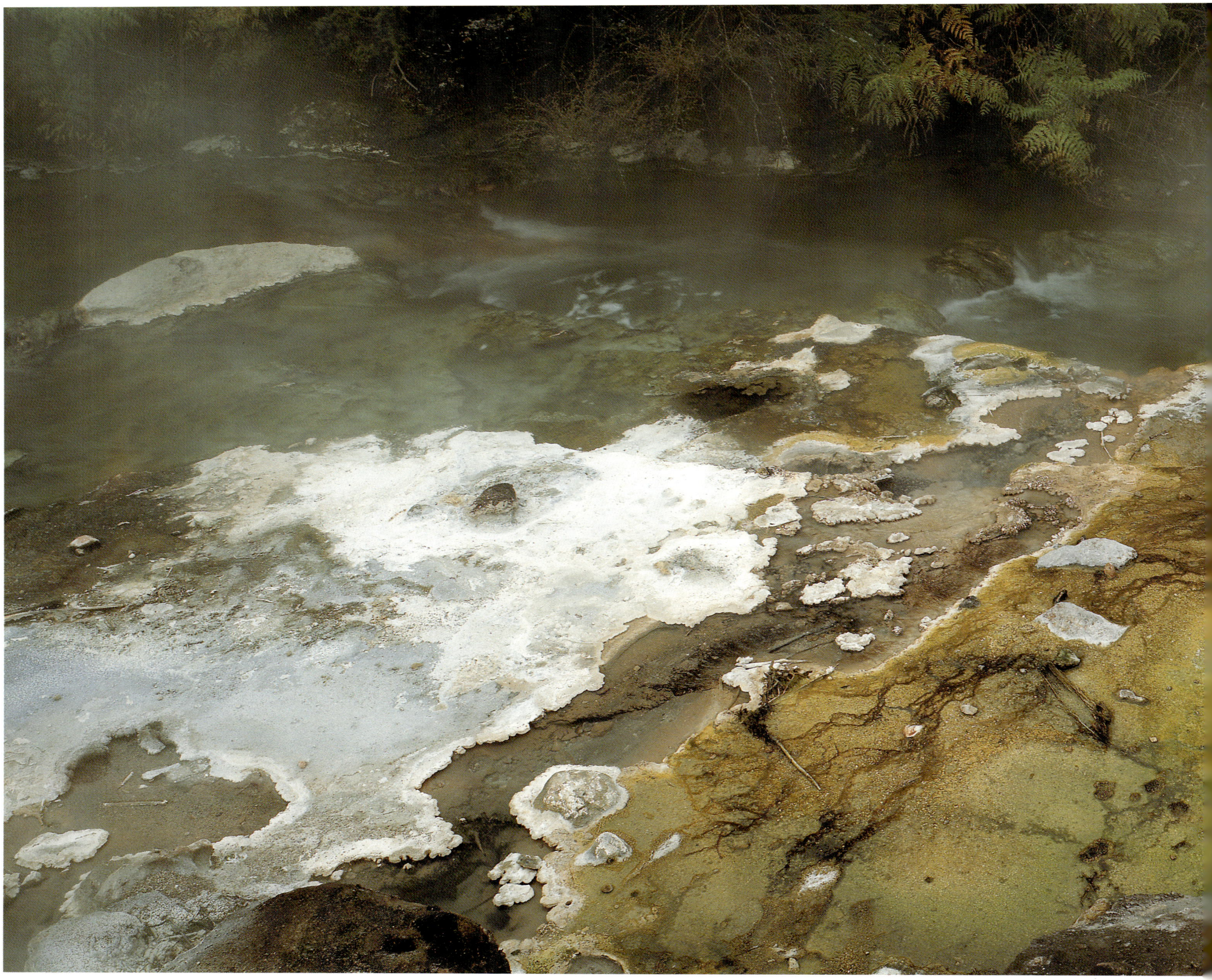

BEI WAIMANGU *Die heißen Quellen bei Waimangu lassen die Erde dampfen. Blubbernde Schlammlöcher, Rinnsale und Tümpel sondern schweflige Dämpfe ab und hinterlassen bizarre Ablagerungen.*

WAIOTAPU Das Waiotapu Thermal Wonderland ist eine rauchende und spuckende Kraterlandschaft. Die Schlote der Unterwelt tragen Namen wie zum Beispiel «Haus des Teufels», «Infernokrater» oder «Teufels Bad».

LADY-KNOX-GEYSIR *Der Lady-Knox-Geysir im Waiotapu-Tal wird für die Touristen täglich mit einer Handvoll Seifenpulver und etwas Fett zum Ausbruch gebracht. Er sprüht eine fünfzehn Meter hohe Fontäne in die Luft.*

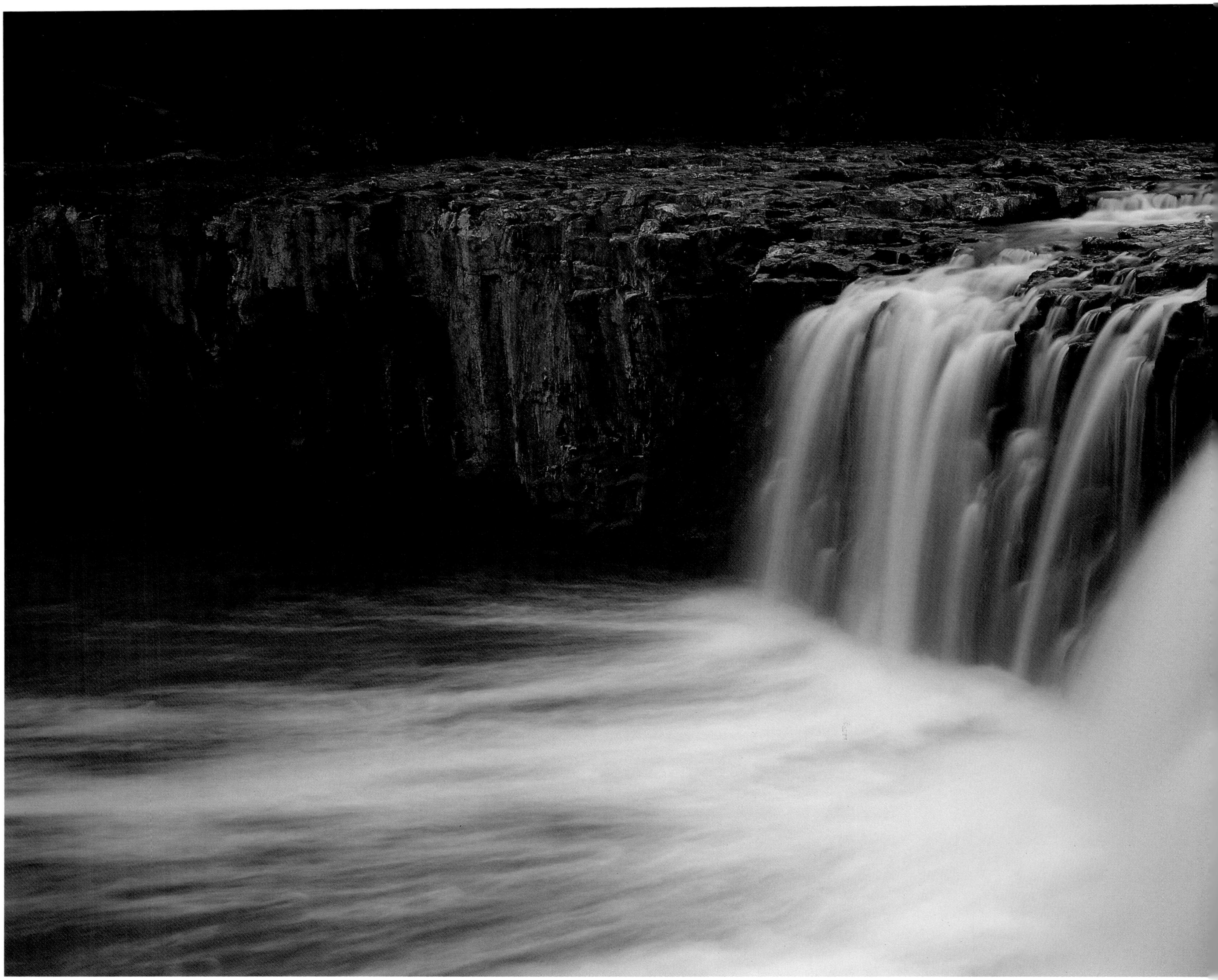

WAITANGI RIVER *Wasserfall des Waitangi River. An seinen Ufern erstrecken sich die in Neuseeland seltenen Mangrovenwälder, die den Fluß bis zu den Haruru-Wasserfällen begleiten.*

BEI HAMILTON *Gräser (hier bei Hamilton auf der Nordinsel) gehören ebenso zu der vielfältigen Vegetation des neuseeländischen Buschs wie …*

... die vielen Arten von hohen und niedrigwachsenden Farnen.

TONGARIRO NATIONAL PARK *Der Tongariro National Park ist der älteste Nationalpark Neuseelands und der zweitälteste der Welt. Dieses vulkanische Gebiet im Zentrum der Nordinsel wurde 1894 zum Nationalpark erklärt. Mit zunehmender Höhe bedecken nur noch Büsche, Gräser und Flechten den Boden.*

Waiotapu ist ein sehenswertes Geysir-
land südlich von Rotorua, das man
bequem durchwandern kann.

Im Hintergrund ist die Bergkette der
Paeroa Range zu erkennen.

WAIOTAPU ▷

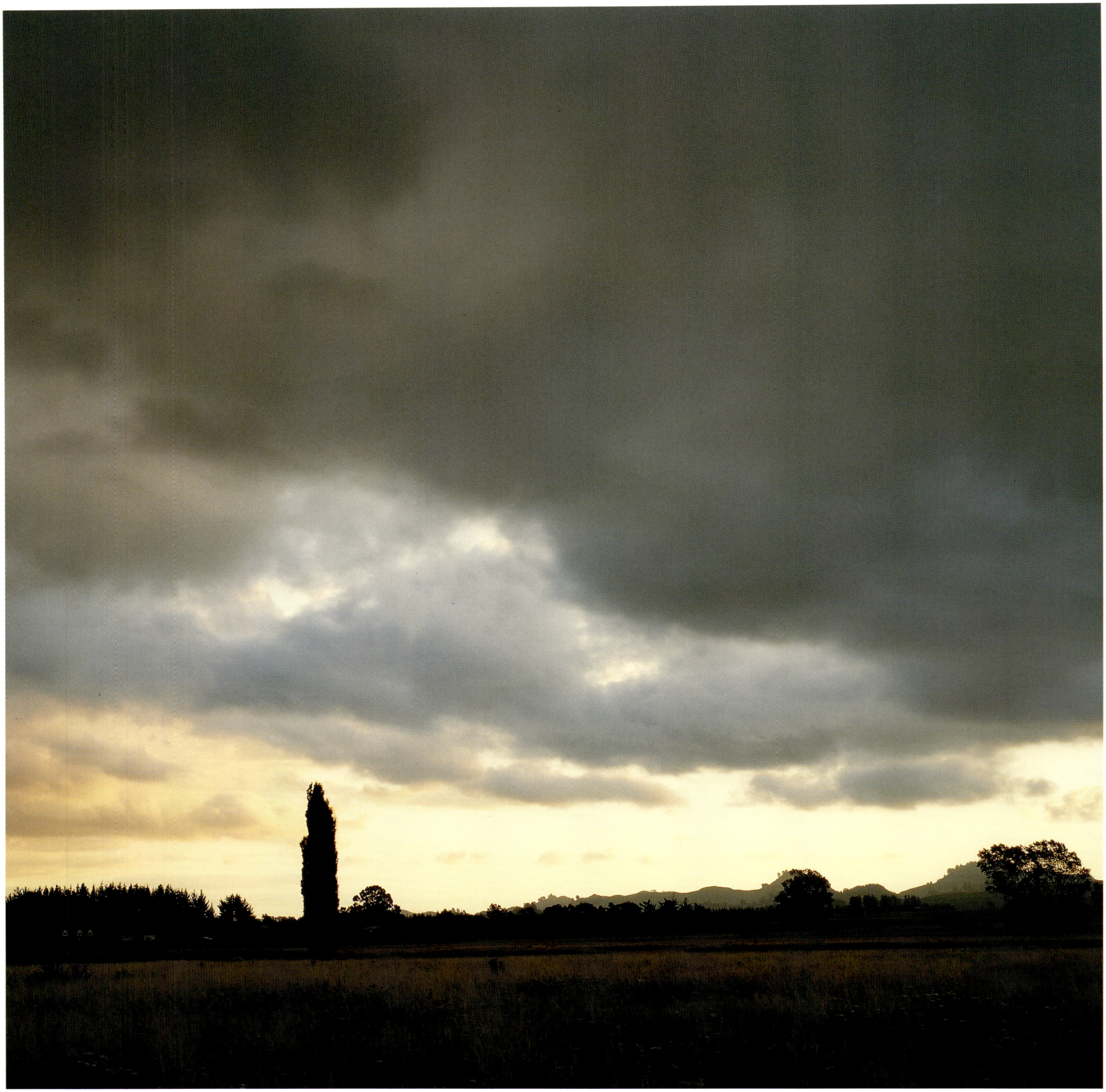

neuen Einwanderer brachten nämlich im Zuge ihres Versuchs, die ursprüngliche Umwelt ihrer Heimat am anderen Ende der Welt wiederherzustellen, mehr als nur Hunde und Ratten mit. In zahlreichen Schriften über die katastrophalen Folgen des Kolonialismus für die Ureinwohner verschiedener Länder werden die ebenfalls eingreifenden und nicht wieder rückgängig zu machenden Veränderungen der Umwelt selten erwähnt. Die englischen Einwanderer fanden in Neuseeland eine Landschaft vor, von der sie glaubten, sie so gestalten zu können, daß ein neues, besseres Großbritannien entstehen könnte. Zu diesem Zweck versuchten sie, die Maori zu bekehren und umzuerziehen, und brachten Eichen, Trauerweiden und andere Bäume sowie ihre geliebten Singvögel und Jagdtiere mit: Fasane, Wachteln, Rotwild, Hasen, Igel, Ratten, Mäuse und anderes Getier breiteten sich im neuen Land aus und vertrieben viele Urtiere. Schafe, Rinder und Rotwild fraßen sich an den einheimischen Pflanzen satt. In den Gewässern setzte man Forellen und Lachse aus, die heute zur Freude der Angler aus aller Welt und zum Leidwesen einiger schwächerer Arten dort prächtig gedeihen.

«Der Mann, der das Kaninchen einführte, wurde gefeiert und gelobt; aber wenn die Leute ihn heute zu fassen kriegen könnten, würden sie ihn aufhängen», schrieb Mark Twain, als er 1890 Neuseeland besuchte. Zwanzig Jahre lang bevölkerten die Kaninchen damals schon das Land, und das liebe Tier hatte bereits manch einen Farmer zur Verzweiflung und sogar in den Konkurs getrieben. Den Schuldigen, der es eingeführt hatte, konnte man nicht hängen, denn niemand wußte, wer es gewesen war. Vielleicht hatten die Walfänger, vielleicht die Missionare die ersten Kaninchen ausgesetzt. Jedenfalls gab es sie schon 1840 in großen Mengen. Sie vermehrten sich unter den idealen Lebensbedingungen Neuseelands erstaunlich schnell, und nach 1860 konnten die Schafe mit dieser Konkurrenz um das Gras nicht mehr mithalten, so daß die Herden besorgniserregend schrumpften. Auf einer der vielen «Stations», wie man in Neuseeland die typischen riesigen Schaffarmen nennt, waren damals 87 Kaninchenjäger beschäftigt, und dennoch mußte die Schafherde von 120 000 auf 45 000 Tiere reduziert werden. Riesige Flächen gingen der Landwirtschaft verloren, weil ihre Besitzer abwanderten. Auch wenn man 1893 nicht weniger als sechzehn Millionen Kaninchenfelle exportieren konnte, bedeutete die Kaninchenplage doch für die Gesamtwirtschaft einen Verlust. Erst 1950, nach einem Jahrhundertkrieg gegen die Grasfresser, konnte man das Problem mit Gift, Fallen, Erschießen und dem Verkaufsverbot lösen. Allerdings häufen sich jetzt wieder die Berichte, daß die Zahl der Kaninchen bedrohlich ansteigt.

Oft wird die verheerende Wirkung der Europäer auf die natürliche neuseeländische Umwelt der Fähigkeit der Maori gegenübergestellt, in friedlicher Koexistenz mit der Natur zu leben. In der Tat waren manche der Tabus bei den Maori eine Form von Umweltschutz. Nur nach der Ausführung umständlicher Rituale durfte ein Baum gefällt werden; wollte man ein Kanu bauen, mußte Tane, der Gott des Waldes, besänftigt werden. Andererseits ist erwiesen, daß schon vor Ankunft der Europäer große Wälder durch Feuer zerstört und die ersten Feinde der Urtiere, nämlich Ratten und Hunde, von den Maori eingeführt wurden. Als 1861 George Simpson und Alfred Duncan eine Schafherde in ein völlig unbekanntes Gebiet bei Lake Wakatipu trieben, wurden sie Tag und Nacht von Ratten geplagt. Diese nagten Löcher in die Vorratskisten, fraßen jede Nacht das Kerzenwachs auf, beschädigten die Stiefel, stahlen den Tabak unter den Kissen weg und trippelten den schlafenden Männern übers Gesicht. Zusammen mit ihren Hunden brachten die Schäfer jeden Tag Unmengen von Ratten um, ohne ihre Zahl spürbar zu reduzieren.

Lebensquellen

Niemand, der Neuseeland bereist, kann die Schafe übersehen. Eine gern und oft zitierte Statistik besagt, daß in Neuseeland auf jeden Menschen mehr als zwanzig Schafe kommen: Das Land hat drei Millionen Einwohner und 65 Millionen Schafe. Das Wohlergehen der Menschen hängt heute noch vorwiegend von der Landwirtschaft ab, auch wenn die Verantwortlichen verzweifelt versuchen, neue Exportgüter zu entwickeln. Schon die Maori waren unermüdliche Gärtner, die Süßkartoffeln und andere eßbare Pflanzen anbauten. Heute ist der Vorstadtneuseeländer eifrig in seinem Gemüse- und Blumengarten beschäftigt. Die Maori begannen die neu eingeführten Feldfrüchte zu schätzen, und im 19. Jahrhundert verkauften sie Unmengen davon an die Siedler, bis sich der Markt allmählich zugunsten der Europäer wandelte.

Die erste kommerzielle Einfuhr von Vieh fand 1834 statt, als Merinoschafe aus Australien importiert wurden, wo man sie als Wollieferanten schätzte. Damals war die Stadt Wellington noch sehr jung, und die Menschen dort fanden das Klima und die bergige Umgebung für die Schafzucht kaum geeignet. Sie schielten nach dem Norden, wo die große Ebene der Wairarapa lockte. Dorthin trieben einige, die genug Kapital hatten, große Schafherden und gründeten hier die ersten «Stations», die für viele Regionen typisch wurden. Innerhalb von zwei Jahren entstanden zwölf solche «Stations» in der Wairarapa. Noch weiter im Norden waren die Bedingungen eher für die Rinderzucht günstig, und 1852 wurden aus Auckland schon Butter und Käse ausgeführt. Dies war der Anfang einer großen Industrie, auch wenn Kartoffeln weiterhin das wichtigste Ausfuhrprodukt blieben.

Ein wichtiges Datum in der Wirtschaftsgeschichte Neuseelands war das Jahr 1882, als man zum ersten Mal gefrorenes Fleisch nach England exportieren konnte. Die Tiefkühltechnik veränderte die Wirtschaft radikal. Neue Schafrassen, die mehr mageres Fleisch als Wolle hergaben, wurden eingeführt und gezüchtet, und die Viehzucht wurde zu einem der wichtigsten Wirtschaftszweige. Heute gibt es international anerkannte Zuchtforschungseinrichtungen in Palmerston North und in Ruatoria. Auch für die Milchwirtschaft brachte die Tiefkühlung eine Revolution. Fast hundert Jahre lang konnte Neuseeland einen sehr hohen Lebensstandard hauptsächlich durch die Ausfuhr von Fleisch und Milch-

Im Agrarstaat Neuseeland kommen auf jeden Einwohner mehr als zwanzig Schafe. Nach wie vor ist die Schafzucht ein wesentlicher Wirtschaftsfaktor. Ein Schafscherer muß mindestens zweihundert Schafe pro Tag von ihrer Wolle befreien, um auf sein Soll zu kommen. Mitte: Wollschuppen in Napier.

produkten aufrechterhalten. Heute ist das schwieriger, nicht zuletzt, weil die hohen Landwirtschaftszuschüsse in den EG-Ländern und die Marktverzerrungen, die sie vor allem außerhalb Europas mit sich bringen, die traditionellen Märkte Neuseelands zerstören.

Daß es an der Zeit wäre, den alten Wirtschaftszweigen die Herstellung industrieller Waren an die Seite zu stellen, haben die meisten Neuseeländer längst erkannt. Trotzdem geht die Entwicklung sekundärer Industriezweige nur zögernd voran. Wolle wird nach wie vor überwiegend als Rohprodukt exportiert, aber die Teppichindustrie expandiert, und die Herstellung von Bettdecken ist schon fast zur Tradition geworden. Die Milchindustrie hat neue Produkte entwickelt, und auch beim Fleischexport versucht man, sich mit neuen Verpackungsmethoden den unterschiedlichen Märkten anzupassen, statt einfach tiefgekühlte Kadaver zu liefern. In den Mittleren Osten werden lebende Schafe verschifft, die dort rituell geschlachtet werden. Trotz aller Versuche, sich den neuen Bedingungen anzupassen, sind die Neuseeländer immer noch weitgehend von Primärprodukten abhängig, und die Verarbeitung wird denjenigen überlassen, die größere Finanzmittel zur Verfügung haben. Manche von diesen (vor allem japanische) Firmen kaufen die Produkte jetzt an Ort und Stelle, indem sie etwa ganze Kiefernwälder aufkaufen. Kritiker dieser Entwicklung sprechen vom Ausverkauf lebenswichtiger Ressourcen.

Auch in der Landwirtschaft wird nach neuen Wegen gesucht. Manche haben ihre Schaf- und Rinderherden durch Rotwild ersetzt. Heute werden etwa 1300 Tonnen Wildfleisch pro Jahr exportiert. Der Hirsch- oder Rehbraten auf manch einem deutschen Tisch stammt aus Neuseeland. Auch der Export von Angorawolle steigt. Die Obstproduktion ist ansehnlich, wobei die Ernte eine gute Gelegenheit für saisonale Arbeit ist, auch für abenteuerlustige Touristen. Seit vielen Jahren werden Äpfel und Birnen ausgeführt – Kisten mit der Aufschrift «New Zealand Apples» finden sich auch auf deutschen Wochenmärkten –, aber die Frucht, die in den letzten Jahren für Aufsehen sorgte, war die Kiwi. Erst 1975 fing man mit dem Export dieser Delikatesse an, zehn Jahre später war sie auf den Weltmärkten bereits ein Renner. Allerdings wollen immer mehr von diesem Erfolg profitieren, so daß die Konkurrenz im Inland und im Ausland wächst. Als Folge davon machen immer mehr Kiwifruchtzüchter Verluste. Auch für andere Zweige der Landwirtschaft sind die Konkurrenzsituation und vor allem die Veränderungen auf dem Weltmarkt problematisch: die Politik der EG, die weltweite Abkehr vom Tierfettkonsum, der Ersatz von Naturprodukten durch Kunststoffe und anderes mehr. Manche neuseeländischen Farmer haben in den letzten Jahren ihren Beruf aufgeben müssen.

Dies bringt die Notwendigkeit einer wirtschaftlichen und sozialen Umstrukturierung mit sich. Die Traditionen, von denen sich die Neuseeländer immer mehr entfernen, haben im Grunde zwei Wurzeln: die polynesische Kultur der Maori und die Lebensweise der Pakeha, aber es ist ein Irrtum zu meinen, daß diese Kulturen zwei unwandelbare Blöcke bilden.

Legenden von den Ureinwohnern

Neuseeland war die letzte größere Landfläche, die der Mensch im Zuge der Besiedlung der Erde erreichte. Und es war das letzte Land, das von der weltweiten Ausbreitung der europäischen Kultur, die mit der Entdeckung Afrikas und Amerikas einsetzte, berührt wurde. Die polynesischen Einwanderer kamen vor etwa tausend Jahren, die Europäer in nennenswerter Zahl erst vor hundertfünfzig Jahren.

Woher kamen die Maori eigentlich? Sie selber sagen, aus «Hawaiki», aber da es von ihren Verwandten in Samoa oder auf den

*Oben: Riesige Rinderfarmen sichern die Fleisch- und Milchversorgung im Land und produzieren für den Export. Dieses Foto entstand bei der «Farm Show», mit der die Rainbow Farm in Rotorua über Neuseelands Landwirtschaft informiert.
Unten: Löschen eines Fischkutters im Hafen von Wellington.*

Oben: Maori-Männer umringen einen Holzschnitzer bei der Arbeit, hinter ihm steht ein Häuptling (Foto, um 1920). Unten: Junge Maori-Frau in Rotorua (links) und geschnitzte Skulptur an einem Maori-Kanu in Napier (rechts).

*Rituale und Symbole der Maori: Die Abschreckungsgrimasse der herausgestreckten Zunge (links oben) findet sich auch auf Kriegsschiffen und an Versammlungshäusern (links unten).
Rechts oben: Verzierung an einem Versammlungshaus.
Rechts unten: Nasenreiben ist die traditionelle Form der Begrüßung unter Maori (Foto von 1910).*

Links: Der riesige urzeitliche Laufvogel Moa ist von den Maori-Jägern vollständig ausgerottet worden (gestelltes Foto).
Rechts oben: Maori-Frau (Foto von 1909) und Stammeshäuptling (Foto, um 1930) mit Tätowierung.
Rechts unten: Der Hohe Priester empfängt seine Nahrung aus der Hand einer Priesterin (Foto, um 1930).

Cook-Inseln ebenfalls heißt, sie stammten aus «Hawaiki», muß man dieses «Land» als eine Art mythologische Urheimat der Polynesier betrachten. Man weiß nicht mit Sicherheit, von welchen Inselgruppen die Menschen kamen, die Neuseeland als erste besiedelten, aber die vergleichende Ethnologie ist sich sicher, daß sie Teil einer alten Kultur waren, die man polynesisch nennt. Über ganz Polynesien verteilt, gibt es verwandte Sprachen, Legenden, Ortsnamen und Glaubensformen. Der Mythos von der Trennung der Erdenmutter vom Himmelsvater etwa ist allen Polynesiern gemeinsam; den «Beweis» dafür liefern die Tränen des Himmels, die Regentropfen, und die der Erde, der Nebel: Himmel und Erde wollen ihre durch die Kinder aufgehobene Umarmung erneuern. Auch die Geschichten von Maui werden in ganz Polynesien erzählt. Der Legende nach ist es Maui zu verdanken, daß die Nordinsel existiert. Er hat sie nämlich aus dem Meer gefischt; sein Kanu ist die Südinsel mit der kleinen Stewart-Insel als Anker.

Die Einzelheiten über die Ankunft der Maori in Neuseeland sind bis heute Gegenstand von Kontroversen. Der Legende zufolge war es Kupe, der das Land zuerst entdeckte und es Aotearoa (Land der weißen Wolke) nannte. Aber die genaueren Angaben über Kupe widersprechen sich in verschiedenen Überlieferungen. Wenn er überhaupt kam, dann war das wohl um 950 n. Chr. Whatonga und sein Großvater Toi waren die nächsten, die das Land betraten (um 1150). Allerdings fanden sie dort angeblich bereits Menschen vor, und das erschwert das Verständnis der Legende erheblich. Frühere Historiker sprachen von einer organisierten Kanuflotte, aber diese Theorie stößt heute auf Skepsis. Eine Gegentheorie behauptet, daß nur ein einziges Kanu durch Zufall in Neuseeland gelandet sei und daß dies ausgereicht habe, um die Bevölkerungszahl zu erklären, die Cook schätzte.

Ebenfalls unentschieden ist die Frage, warum diese Menschen über Tausende von Kilometern und über ein gefährliches, stürmischen Gewässer nach Neuseeland gereist sind. Folgten sie den Meeresströmungen oder dem Flug von Zugvögeln, oder wurden sie durch Wind und Sturm vorangetrieben? Wer waren die Menschen, die anderen Legenden zufolge bereits in Neuseeland waren, als die berühmten Kanus ankamen? Auch die Archäologen unterscheiden zwei historische Kulturen (Early Period und Classic Maori). Erst mit der zweiten setzt der systematische Anbau von zum Teil aus tropischen Ländern eingeführten Pflanzen ein. Das Geheimnis, das die frühe, sehr einfache Maori-Kultur umgibt, ist noch dunkler als das der Ankunft der «klassischen» Maori.

Die Maori lebten in einer hochorganisierten Gesellschaft und Kultur. Die Zugehörigkeit zu sozialen Einheiten verschiedener Größe ist ihnen heute noch wichtig. Die größte Einheit ist der Iwi (etwa: Stamm), der in Hapu unterteilt ist, die wiederum aus mehreren miteinander verwandten Großfamilien (Whanau) bestehen. Wenn vom Häuptling die Rede ist, ist meist der Führer eines Hapu, der Ariki, gemeint. Auch der Tohunga (heiliger Mann oder Medizinmann) war eine mächtige Figur. Das Verhalten der Menschen wurde vor allem durch die Begriffe Tapu und sein Gegenteil, Noa, bestimmt; sie legten fest, was man vermeiden bzw. tun mußte, um den Vorfahren, den Göttern und den Geistern (Atua) zu gefallen.

Die Maori lebten in Dörfern, die befestigt (Pa) oder unbefestigt (Kainga) waren. Ein Pa besteht aus mehreren Wohnhäusern, Lagerhäusern und anderen Nutzbauten, die um ein großes Versammlungshaus (Whare Runanga) angeordnet sind, das wiederum vor dem Marae steht, dem Platz, der als geistiges Zentrum des Stammes gilt und bis heute Mittelpunkt des gesellschaftlichen Lebens geblieben ist. Hier werden Besucher zeremoniell begrüßt, und während der langen Reden können sie die wunderschönen Holzschnitzereien des Versammlungshauses bewundern, auf denen die Stammesvorfahren dargestellt sind.

Links: Maori-Frau im Festgewand aus Federn mit «Hei-tiki», dem Fruchtbarkeitsamulett aus Nephrit (Foto von 1911). Rechts: Die Maori-Fürsten Tawkiao und Te Wheoro im Festgewand (Foto, um 1905).

*Oben: Nur mit einem Schurz bekleidet, tanzen Maori-Männer den Kriegstanz Haka (Foto, um 1920).
Unten links: Maori-Mädchen haben sich in einem vornehmen Maori-Haus in ihrer Festtracht zum Nationaltanz Poi aufgestellt (Foto, um 1905).
Unten rechts: Maori-Frauen beim Tanz (Foto, um 1920).*

Oben: Maori-Männer kehren von der Schweinejagd zurück (Foto, um 1920).
Unten links: Maori-Frauen in traditioneller Kleidung (Foto, um 1920).
Unten rechts: Altes Maori-Schnitzwerk in Whakarewarewa (Foto, um 1930).

Oben links und unten: Maori-Frauen beim Flechten von Flachs und der Herstellung von Kleidern aus Binsenmatten und farbigen Netzen (Fotos, 1905/20). Kleine Fotos oben rechts: Die Maori-Kinder von Whakarewarewa nutzen die heißen Quellen zum Baden, die Frauen bringen in den heißen Erdspalten Wasser zum Kochen (Fotos, um 1931).

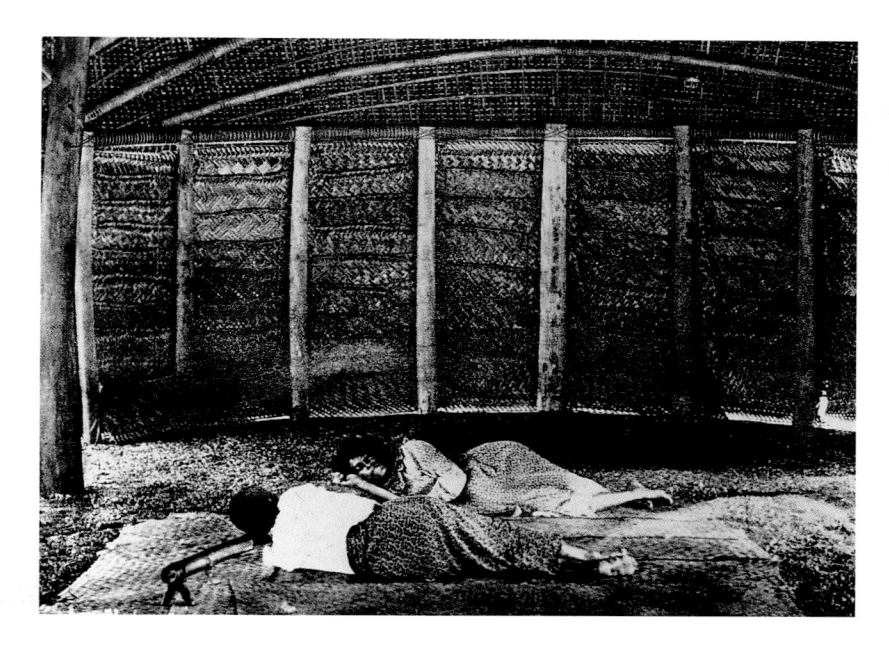

Oben: Maori-Häuser sind traditionell mit Strohmatten ausgekleidet und oft reich mit Schnitzwerk verziert (Fotos, um 1905 und um 1931). Unten: Eine Maori-Familie vor ihrer Hütte (Foto, um 1905).

Zusammenprall der Kulturen

Die Welt der Maori wurde durch die Begegnung mit Europäern verändert, aber nicht zerstört. Schon 1642 traf der Holländer Abel Tasman ein, aber nach einer kurzen, blutigen Begegnung mit den Maori segelte er wieder ab, ohne an Land gegangen zu sein. Hundertzwanzig Jahre vergingen, bevor der große englische Seefahrer James Cook 1769/70 das Land umsegelte und vermaß. Er hißte auf Coromandel die englische Fahne und behauptete die Rechte der englischen Monarchie. Auch seine Begegnungen mit den Maori waren zum Teil blutig, aber als Humanist, der er war, bemühte er sich auch, Freunde unter ihnen zu gewinnen, was ihm durchaus gelang. Im großen und ganzen betrachtete er sie als freundliche und hilfsbereite Menschen. Seine gründlichen Recherchen und Aufzeichnungen machten Neuseeland der gebildeten Welt bekannt. Auch in Deutschland war diese Weltumseglung in aller Munde, denn Johann Forster und sein Sohn Georg gehörten zu Cooks Begleitung und berichteten in aufsehenerregenden Büchern von ihren Erlebnissen.

In den Jahren nach Cook kamen immer mehr Forschungsreisende nach Neuseeland. Auch Franzosen versuchten, das Land zu erforschen und, wenn möglich, in Besitz zu nehmen. So verdanken wir den Berichten von Marion du Fresne, Charles François Lavaud und vor allem Jules Sébastien César Dumont d'Urville Einsichten in das Leben der frühen Maori.

Fast gleichzeitig mit den Wissenschaftlern kamen diejenigen, die den Profit suchten: Robben- und Walfänger sowie Holzhändler. Sogar menschliche Köpfe, die die Maori nach alten Methoden konservierten, wurden bei den europäischen Seeleuten begehrte Handelsobjekte. Fast bis zur Ausrottung wurden Wale gejagt, und jahrhundertealte, riesige Kauri-Bäume wurden so schnell gefällt, wie man sie verschiffen konnte. Kauri-Holz war als Baumaterial für Schiffsmasten, Möbel und Häuser äußerst beliebt, und niemand dachte daran, daß die Bäume nur über einen Zeitraum von achthundert Jahren ersetzt werden konnten. Brutalität war die Regel in der ersten europäischen Siedlung, Kararareka (heute Russell in der Bay of Islands), die man «das Höllenloch des Pazifik» nannte. Die einzige Wirtschaftsform, die man kannte, war Ausbeutung.

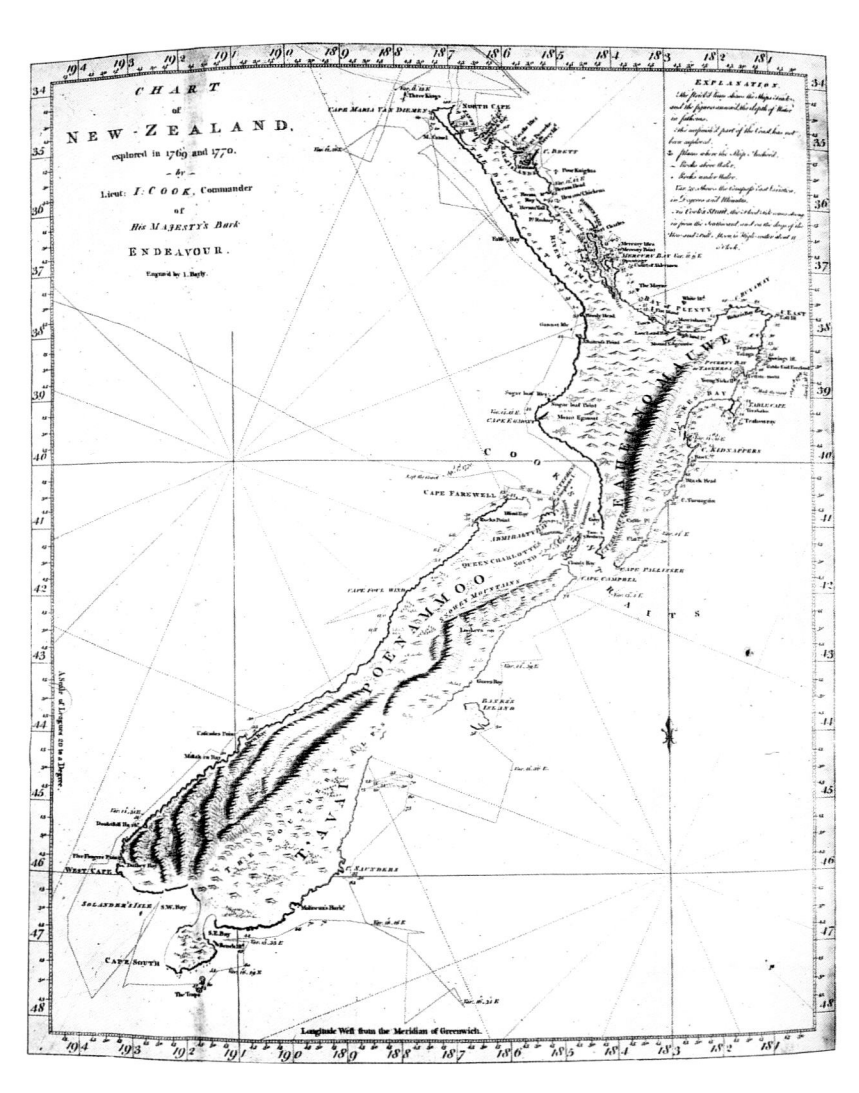

Den Maori brachten die Europäer zuerst einmal Krankheiten, die diese nie gekannt hatten, und sie brachten ihnen Gewehre, die die Machtverhältnisse zwischen den Stämmen total veränderten. Durch diese neuartigen Waffen und auch durch die neue, an die monarchische Regierungsform der Europäer angelehnte Idee, daß ein Stamm und sein Führer Macht über alle anderen haben könnten, traten die Stammesfehden in eine neue, extrem blutige Phase. Häuptling Hongi Hika etwa wurde bei seinem Besuch in England mit Geschenken überhäuft, die er auf der Heimreise gegen Musketen eintauschte. Mit ihnen richtete er unter seinen Feinden ein Blutbad an, aber die Rache blieb nicht aus. Andere Stämme kamen ebenfalls an Gewehre heran, und infolge von Krankheiten und Krieg sank die Bevölkerungszahl der Maori rapide. Der stärkste und meistgefürchtete Häuptling war in den folgenden Jahren Te Rauparaha, der die Insel Kapiti bei Wellington als Festung benutzte.

Links: Der holländische Seefahrer Abel Tasman steuerte 1642 die «Mordbucht», die spätere Tasman Bay, an und wurde von den Maori erfolgreich abgewehrt. Tasmans Landungsversuch endete mit einem Blutbad und mit der Flucht der Holländer. Die Illustration entstammt den Berichten von Tasmans Entdeckungsfahrten ...

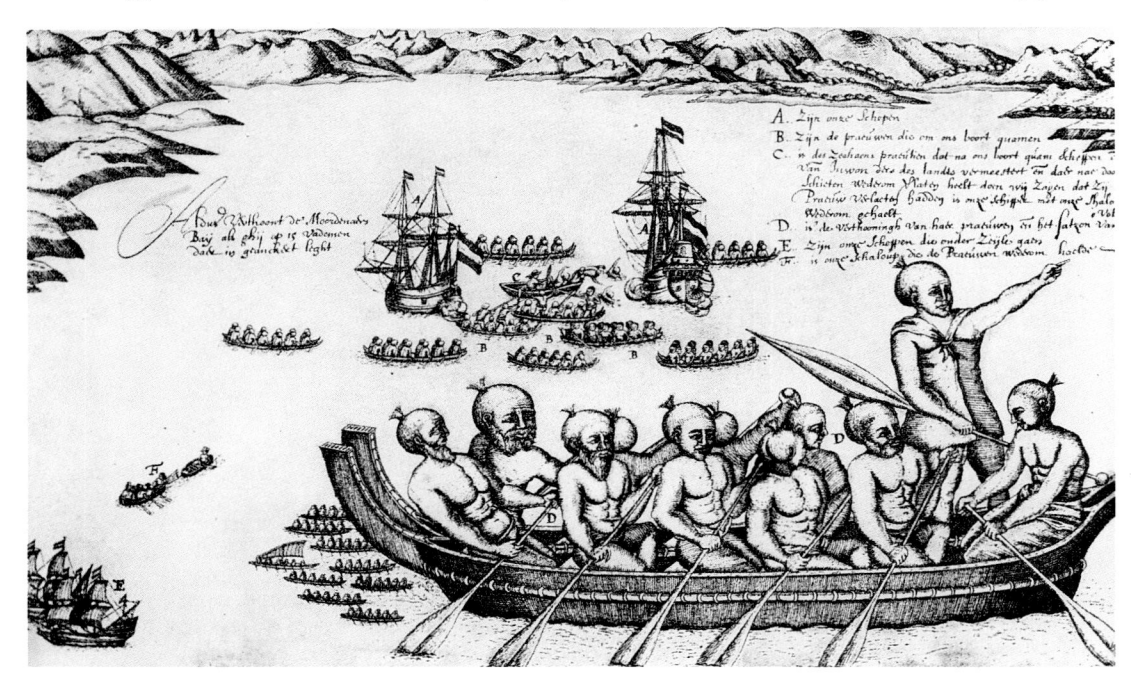

... Rechts: Erst hundertzwanzig Jahre später kam das nächste europäische Schiff. Sein Kapitän James Cook war der erste, der eine Karte von Neuseeland anfertigte, wozu der eigentliche europäische Entdecker Neuseelands, Abel Tasman, nicht gekommen war.

Mission und Annexion

Nicht alle Europäer wollten untätig zusehen, wie die Maori sich gegenseitig umbrachten. Insbesondere sind hier Missionare wie Samuel Marsden zu nennen, der 1814 das erste christliche Weihnachtsfest Neuseelands feierte und jahrelang unter dem Schutz von Hongi Hika seinen Glauben predigte, bis er eine große Zahl «Wilder» bekehrt hatte.

Erst viel später untersuchten Historiker die gravierenden psychischen und sozialen Folgen solcher Wertumstellungen, die erheblich zur Zerrüttung alter Lebensweisen beitrugen. Immerhin waren die Missionare im Vergleich mit anderen Europäern zumindest friedlich und lenkten die ohnehin unaufhaltsamen Veränderungen in eine produktive Richtung, indem sie Schulen einrichteten, in denen die englische Sprache gelehrt wurde, aber auch landwirtschaftliche Kenntnisse vermittelt wurden. Die Abschaffung der Sklaverei und des Kannibalismus unter den Maori war ebenfalls ein Erfolg, der den Missionaren zuzuschreiben ist.

Manche Politiker in England glaubten, daß man die Eingeborenen gegen die Kriminellen unter den Europäern nur schützen könnte, indem man das Land annektieren und unter britisches Gesetz stellen würde. Es gab natürlich andere, weniger edle Gründe für einen solchen Schritt, nicht zuletzt die Befürchtung, daß die Franzosen England zuvorkommen könnten. Es gab auch Menschen, die sich von der Annexion einen persönlichen Vorteil erhofften. Die New Zealand Company wollte viele Siedler in das Land bringen, die sicherlich ein größeres Bedürfnis nach britischen Gesetzen hatten als die Maori, die gut ohne diese ausgekommen wären. Wie immer im menschlichen Handeln, gab es viele, zum Teil widersprüchliche Gründe für die Annexion und das Aushandeln eines Vertrages mit den Eingeborenen, der in der Kolonialgeschichte einmalig ist.

Links oben: Kapitän James Cook zur Zeit seiner Neuentdeckung Neuseelands 1769. Er hißte auf der Coromandel-Halbinsel die englische Fahne.

Links unten: Der Naturforscher und Forschungsreisende Johann Forster und sein Sohn Georg begleiteten James Cook auf dessen zweiter Expedition 1772.

Der Holzschnitt stellt die Landung des englischen Missionars Samuel Marsden in Rangihoua in der Bay of Islands dar. Er predigte 1814 zum ersten Mal das Evangelium in Neuseeland.

Am 6. Februar 1840 wurde «The Treaty of Waitangi» unterschrieben. Heute wird dieser Tag als «Waitangi Day» gefeiert. Häuptlinge aus vielen Landesteilen hatten sich in Waitangi in der Bay of Islands versammelt, und nach langen Verhandlungen mit Vertretern der englischen Königin erklärten sie sich bereit, deren «Souveränität» über ihr Land anzuerkennen. Dafür durften sie ihre angestammten Rechte über ihre Ländereien «ungestört» weiter ausüben und erhielten alle Rechte und Privilegien der königlichen Untertanen. Die volle juristische Bedeutung der drei Vertragssätze wird bis heute heftig diskutiert, unbestritten aber ist, daß der Vertrag von Waitangi die Grundlage der Beziehungen zwischen Maori und Pakeha ist.

Eine der vielen Ursachen für spätere Unstimmigkeiten über den Vertrag von Waitangi ist die Tatsache, daß die Maori 1840 den Europäern zahlenmäßig weit überlegen waren. Folglich konnten sie sich damals kein Bild von den enormen Veränderungen machen, die die nächsten Jahre bringen würden. Vielleicht wurde ihre Unwissenheit ausgenutzt. Die meisten Europäer lebten im hohen Norden des Landes, dort, wo der Vertrag unterschrieben wurde. Auf der Südinsel gab es damals nur kleine Gruppen von Europäern, die an der Küste lebten und sich sehr mühsam von Walfang und primitiver Landwirtschaft ernährten. Sobald der Vertrag unterschrieben war, schien der Weg frei zu sein für die organisierte Einwanderung und die Erschließung neuer Gebiete für europäische Siedlungen.

Manche Spekulanten hatten bereits vor 1840 riesige Ländereien «gekauft». Nach Abschluß des Vertrags konnte man dann den Maori kein Land mehr direkt abkaufen, und der Gouverneur, William Hobson, berief einen Ausschuß ein, der die Zulässigkeit der früheren Käufe untersuchen sollte. Die Situation war chaotisch. Viele der beanspruchten Gebiete überlappten sich, die Grenzen waren nur vage definiert (etwa: «soweit eine Kanone schießt»), und auch die Rechte der Verkäufer waren oft keineswegs klar. Der Ausschuß hatte viel zu tun, und manche Streitigkeit konnte bis heute nicht zur Zufriedenheit aller geklärt werden.

Einer der größten Spekulanten war Oberst William Wakefield, der behauptete, acht Millionen Hektar Land für die New Zealand Company gekauft zu haben, eine private englische Gesellschaft, deren Gründung auf die Vorstellungen von Edward Gibbon Wakefield, dem Onkel des Oberst, zurückging. In umfangreichen Schriften entwarf er ein System für den Aufbau einer idealen Kolonie, wobei mit «ideal» ein perfektes England ohne die sozialen Spannungen gemeint war, die nach der industriellen Revolution aufgekommen waren. In Neuseeland sollte eine friedliche Feudalgesellschaft aufgebaut werden, in der Großgrundbesitzer mit patriarchalischer Großmut über ein Volk von glücklichen Landarbeitern herrschen würden. Eine unfehlbare Methode, um dies zu bewerkstelligen, glaubte E. G. Wakefield erfunden zu haben. Die

Links: Das Gemälde zeigt die Unterzeichnung des Vertrags von Waitangi durch einen Maori-Häuptling am 6. Februar 1840, mit dem das Volk der Maori seine Souveränität an Queen Victoria abtrat.

Rechts: Faksimile des Vertrags von Waitangi, mit dem der Gouverneur Hobson mit fünfhundert Maori-Häuptlingen das Eintreten des Volkes der Maori in alle Rechte und Pflichten britischer Staatsbürger und die Garantie ihrer uneingeschränkten Landbesitzrechte besiegelte.

ungeduldige New Zealand Company «verkaufte» Land an interessierte Siedler, noch bevor Oberst Wakefield Neuseeland betreten hatte, geschweige denn Land von den Maori errungen hatte. Als Gouverneur Hobson gerade dabei war, den Vertrag von Waitangi auszuhandeln, landeten in Wellington (damals Port Nicholson) die ersten Siedler der New Zealand Company. Diesen zentralen Ort sowie Wanganui, New Plymouth und Nelson hatte sich die Gesellschaft für den Aufbau ihrer Siedlungen ausgesucht. Der Streit zwischen der Gesellschaft und den Gouverneuren über die Legalität dieser Siedlungen dauerte mehr als dreißig Jahre. Außerdem hatte die Gesellschaft anhaltende Streitigkeiten mit den Maori, die in jeder der Siedlungen zu kriegsähnlichen Handlungen führten.

Der New Zealand Company ist es zu verdanken, daß innerhalb von drei Jahren 57 Schiffe nicht weniger als 19 000 Siedler nach Neuseeland brachten, Menschen, die wahrscheinlich ohne sie nach Nordamerika ausgewandert wären. Aber die perfekte britische Gesellschaft, die sie aufbauen wollte, kam nicht zustande. Der Traum davon lebte allerdings jahrelang in vielen heimwehkranken Köpfen weiter, und er hat fast so große Wirkung auf die Kolonie gehabt wie die problematische Realität. Andere Siedlungen wurden ebenfalls nach Wakefields Prinzipien aufgebaut. The Canterbury Association, eine Schwestergesellschaft der New Zealand Company, gründete Christchurch (1850), und Dunedin wurde, ebenfalls nach wakefieldschen Prinzipien, von der Free Church of Scotland gegründet. Unter den ersten größeren Siedlungen war nur Auckland von Wakefield unbeeinflußt. Allerdings war Auckland bereits damals schon die größte Stadt und bis 1865 auch Hauptstadt. Kleinere Gruppen gründeten andere Ortschaften, die, oft bis heute, Spuren ihrer spezifischen Eigenart bewahrt haben. Visionäre protestantische Puritaner etwa gründeten Waipu und Katikati; böhmische Exilanten kamen nach Puhoi

Oben links: Ein Bild aus den Landkriegen – Soldaten stürmen eine Maori-Schanze am Katikara River während des Taranaki-Feldzugs (Illustration von 1863).
Oben rechts: Goldfelder am Arrow River auf der Otago-Halbinsel (Illustration von 1867).
Unten: Die Stadt Dunedin in der Frühzeit der Besiedelung, um 1860.

An der Westküste der Südinsel (links) und im Victoria Forest (Mitte) sind von dem Ansturm der Goldsucher nur noch verwüstete Minen und vereinzelte Hütten übriggeblieben (Fotos, um 1870/90).

(1863), skandinavische Auswanderer nach Dannevirke und Norsewood (1872). Schon sehr früh waren Franzosen in Akaroa, wo die Straßennamen und manche alte Häuser noch daran erinnern. Die Besiedlung der Südinsel ging langsamer vonstatten: Noch 1860 kauften Abenteurer drei Millionen Hektar Land für dreihundert Pfund. Innerhalb von zehn Jahren entzog man dem Land Gold im Wert von zwölf Millionen Pfund.

Der Goldrausch

In den sechziger Jahren des 19. Jahrhunderts gab es große Verschiebungen in der Bevölkerungsstruktur. Auf der Nordinsel stagnierte die Entwicklung infolge des Krieges zwischen den Maori und den Europäern, während auf der Südinsel der Goldrausch einen erstaunlich schnellen wirtschaftlichen und bevölkerungsmäßigen Zuwachs brachte. Erst 1901 hatte die Nordinsel wieder mehr Einwohner als die Südinsel. Heute allerdings wohnen nur 900 000 Menschen auf der Südinsel – weniger als die Bevölkerung Kölns auf einer Fläche, die so groß ist wie drei oder vier der größeren deutschen Bundesländer.

Neuseeland war das dritte Land nach Kalifornien und Australien, das der Goldrausch erfaßte; später folgten Alaska, Kanada und Südafrika. Nach ersten geringfügigen Funden entdeckte Gabriel Read Gold in Otago. Diese Nachricht erfreute die alten Siedler in Dunedin gar nicht, denn sie hatten von den Ereignissen in Kalifornien und Australien genug gehört, um zu wissen, daß sie ihr ruhiges, puritanisches Leben nicht würden weiterführen können. Innerhalb weniger Wochen traf die Botschaft ein, daß ein weiteres, noch ergiebigeres Goldlager gefunden worden war und noch eins und noch eins. Man redete in Dunedin nur noch von Gold, und die von Australien enttäuschten Goldgräber segelten so schnell wie möglich nach Otago. Menschen aus aller Welt folgten, und die Stadt wuchs und wuchs. Die noblen Steinhäuser, die Dunedin zieren, wurden mit Goldgewinnen gebaut, ebenso die schönen großen Holzhäuser, die man auch aus anderen Kolonien kennt, die aber in Dunedin besonders großzügig ausgefallen sind. Eine Zeitlang war diese südlichste Großstadt der Welt die «kommerzielle Hauptstadt» Neuseelands.

Als in Otago die Arbeit der nur mit Pfannen und ähnlich einfachen Werkzeugen ausgestatteten, einzeln arbeitenden Goldgräber nicht mehr zum Erfolg führte und diese sich Gesellschaften anschließen mußten, die Bagger und andere große Maschinen einsetzten, verlor die Goldsuche für viele ihren Reiz, und sie zogen über die Berge ins Westland. Dort entstand die Stadt Hokitika aus dem Nichts. Damals erwarb sich die Westküste ihren legendären Ruf: Dort waren die Männer angeblich männlicher und die Sitten rauher. Julius von Haast, der die Gegend im Auftrag des österreichischen Kaisers erforschte, schrieb nach seiner Rückkehr: «Als wir die Stadt endlich erreichten, konnten wir unser Staunen darüber nicht verbergen, daß in der kurzen Zeit von nur wenigen Monaten eine so große Ortschaft entstanden war... Die Hauptstraße, eine halbe Meile lang, bestand bereits aus unzähligen Geschäften, Hotels, Banken und Wohnhäusern, und es war eine Szene von fast unbeschreiblicher Belebtheit und Aktivität.» Das war im Jahre 1865, aber bereits zwei Jahre später war der Rausch fast vorüber. Viele Goldgräber zogen weiter in der Hoffnung, neue Felder zu finden. Auch im Westland wurde die Goldindustrie mechanisiert und nahm dem Goldrausch seine Romantik. 1864 war Hokitika kaum mehr als ein Name auf der Landkarte gewesen, 1865 war es der aktivste Hafen des Landes, in dem die Schiffe in der Flußmündung auf freie Ausfahrt warten mußten, bevor sie ins Ausland segeln konnten, und 1867 war der Boom schon zu Ende. Der Hafen wurde 1954 endgültig geschlossen, und heute besucht man Hokitika wegen seines Museums

Um die Mitte des 19. Jahrhunderts kamen Goldgräber und Kauri-Harz-Sucher aus vielen Ländern, um mit diesen kostbaren Grundstoffen ihr Glück zu machen. Unter Polizeiaufsicht wird um 1890 in Roxburgh (Central Otago) das Gold auf Wagen verladen (oben). Österreichische Kauri-Harz-Sucher 1914 im Northland (unten).

63

Die Europäer begannen, die riesigen Kauri-Bäume zu fällen (unten links, Foto von 1938). Mit primitiven Hilfsmitteln beförderten die Holzfäller die wertvollen Stämme zum Sägewerk (oben, Foto, um 1930). Um 1870 wurde erstmals ein ständig benutzbarer Weg durch den Busch der Nordinsel geschlagen (unten rechts).

Rinderzucht (oben) und Wollproduktion (unten rechts) waren bereits vor 1900 die Haupterwerbszweige der Neuseeländer. Um Weideland zu schaffen, wurden weitflächig Wälder abgeholzt und niedergebrannt (unten links). (Fotos, 1880/1910)

Die frühen Stadtgründungen Neuseelands sind meist das Werk britischer Siedler, und so sind die Stadtbilder vom viktorianischen Stil geprägt, wie die historischen Aufnahmen von Wellington (oben), Dunedin (unten links) und Christchurch (unten rechts) zeigen. (Fotos, 1880/1900)

Während um 1930 in Christchurch auf der Südinsel das städtische Leben florierte (oben), richtete das Erdbeben von 1931 in Hastings und Napier (unten) auf der Nordinsel so schwere Verwüstungen an, daß große Teile der beiden Städte neu aufgebaut werden mußten.

(Schwerpunkt ist die Goldgräberzeit) und der schönen Umgebung. An den Berghängen hinter der Stadt findet man noch viele Geisterstädte.

Die Landkriege

Die europäischen Siedler im Süden interessierten sich wenig für die Urbevölkerung, die dort auch dünner gesät war, während im Norden zur selben Zeit die Auseinandersetzung mit ihr einen Höhepunkt erreichte. Viele Konflikte waren die Folge kultureller Mißverständnisse. Die Europäer hatten kein Verständnis für die Landnutzung der Maori und betrachteten viele Gebiete als Brachland, die unter den Maori als heilig galten oder die sie als Jagdgebiete oder Fischgründe ansahen. Die Europäer begriffen auch nicht, daß das Land nicht einem einzelnen Menschen, sondern dem ganzen Stamm gehörte, der als Gruppe das Land verkaufen mußte, soweit man hierfür den für die Maori fremden Begriff «verkaufen» anwenden konnte. Die Ansprüche der Maori und der Siedler waren völlig unvereinbar.

Schon 1843 gab es den ersten bewaffneten Konflikt, aber erst 1860 wurde die ganze Nordinsel vom Krieg erfaßt. Die Maori hatten einen König gewählt, um der eindringenden Kultur standzuhalten, wobei das Wort «König» erst mit dieser Aktion in ihre Kultur eingeführt wurde. Laut dem Vertrag von Waitangi durften sie Land ausschließlich an die Regierung verkaufen und mußten nun mitansehen, daß diese dasselbe Land für das Zwanzigfache an einzelne Siedler weiterverkaufte. Als Gegenleistung für diese Bereicherung tat die Regierung für die Maori sehr wenig. Nun sahen die Siedler in der Wahl des Maori-Königs eine Rebellion gegen die rechtmäßige Herrschaft ihrer eigenen Königin. Außerdem meinten die meisten von ihnen, daß Expansion ihr gutes Recht sei: Als die Siedler 1860 versuchten, einen Landkauf gegen den Willen der Maori-Landbesitzer zu erzwingen, fanden sie einen Häuptling namens Teira, der bereit war, ein Stück Land bei Waitara (Taranaki) zu verkaufen, obwohl es gemeinsamer Besitz des Stammes war und der höhere Häuptling Wiremu Kingi («William King») dem Kauf nicht zustimmte. In dieser Situation entschloß sich die Regierung, das Land mit Gewalt zu besetzen. Die Zivilbevölkerung zog sich nach New Plymouth zurück, und britische Truppen drangen ein. Andere Stämme – sogar solche, die vorher mit dem enteigneten Stamm Te Ati Awa verfeindet gewesen waren – kamen, um Wiremu Kingi ihre Unterstützung anzubieten. So fingen die Kriege an.

Bald war ganz Taranaki Kriegsgebiet, und da die Stämme südlich von Auckland – die Waikato – sich ebenfalls bedrängt fühlten, wurde der ganze mittlere Teil der Insel vom Krieg erfaßt. Die britische Armee mußte feststellen, daß die «Wilden» das Gelände besser kannten als sie und keineswegs primitive Strategien verfolgten, sondern subtile und flexible Kampfmethoden kannten. Die Maori errangen einige wichtige Siege, und in Situationen, wo sie fast hätten besiegt werden können, verschwanden sie einfach in der Landschaft. So meinten die Briten, den einen oder anderen Pa einzunehmen, nur um festzustellen, daß er leerstand. Unter diesen Bedingungen war es nicht immer leicht zu erkennen, wer eigentlich Sieger war. Dennoch rückten die britischen Truppen von Auckland aus immer weiter in das Waikato-Gebiet vor. Heute betrachten Historiker die Landkriege als einen regelrechten Eroberungskrieg, durch den die Briten neues Territorium hinzugewannen und ihre Truppen mit Land belohnten. So entstanden, als Soldatensiedlungen, die Städte Hamilton, Cambridge, Te Awamutu und Tauranga. Die verbitterten und enteigneten Waikato-Maori zogen sich nach Süden, ins King Country, zurück, wo es weiterhin Unruhen gab, bis schließlich König Tawhiao der Regierung 1881 einen Friedensvertrag anbot.

Die Landkriege waren mit dem Rückzug der Maori aus dem Waikato-Gebiet nicht beendet. 1862 bis 1866, als sich unter den Maori die dem Christentum nachempfundene Religion «Hauhauismus» ausbreitete, fanden die blutigsten Schlachten statt. Die Gläubigen verglichen ihre Situation mit der der Israeliten in Ägypten und waren davon überzeugt, daß ihr Glaube sie gegen die Kugeln der Feinde schützte. Wer im Kampf fiel, war, so meinte man, nicht gläubig genug. Erst als der Prophet Te Ua gefangengenommen und in Begleitung des Gouverneurs demonstrativ durch das Land geführt wurde, starb die Religion so plötzlich aus, wie sie aufgekommen war.

Inzwischen war ein anderer Kriegsherr, Te Kooti, aus der Gefangenschaft entflohen, und bis 1872 führte er seine Krieger im Kampf gegen den weißen Mann an. Auch er zog sich danach ins King Country zurück, jenes schwer zugängliche Gebiet im Zentrum der Nordinsel, wo die Maori bis heute die Bevölkerungsmehrheit bilden. Mit dem Friedensvertrag von 1881 hörten die Kriegshandlungen endgültig auf, aber die Ressentiments brannten noch jahrelang in den Herzen der Beteiligten fort. Die wichtigste Folge der Kriege war wohl, daß große Gebiete der Nordinsel, zum Teil durch Konfiszierung, für europäische Siedlungen «freigemacht» wurden. Heute sind nur etwa viereinhalb Prozent des Landes im kommunalen Besitz der Maori.

Die endgültige «Britisierung»

Nach den Landkriegen waren die Machtverhältnisse klar, und die britische (ungeschriebene) Verfassung wurde auch in Neuseeland etabliert. Wie im Mutterland ist auch in Neuseeland das Handeln des Kabinetts eher durch Konventionen als durch Gesetze geregelt. Das Parlament und andere verfassungsgemäße Einrichtungen, wie geheime Wahlen, das allgemeine Wahlrecht und vieles andere mehr (bis zu solchen Einzelheiten wie dem Namen des Restaurants im Parlament: «Bellamys»), sind dem britischen House of Commons nachgebildet. Manchmal ist Neuseeland in der politischen Entwicklung anderen von der britischen Verfassung beeinflußten Ländern vorausgegangen, wie zum Beispiel, als es 1893 als erstes Land der Welt das Frauenwahlrecht einführte, aber in ihren Grundzügen ähnelt die Verfassung denen der anderen Länder des «alten» Commonwealth. Allerdings gibt

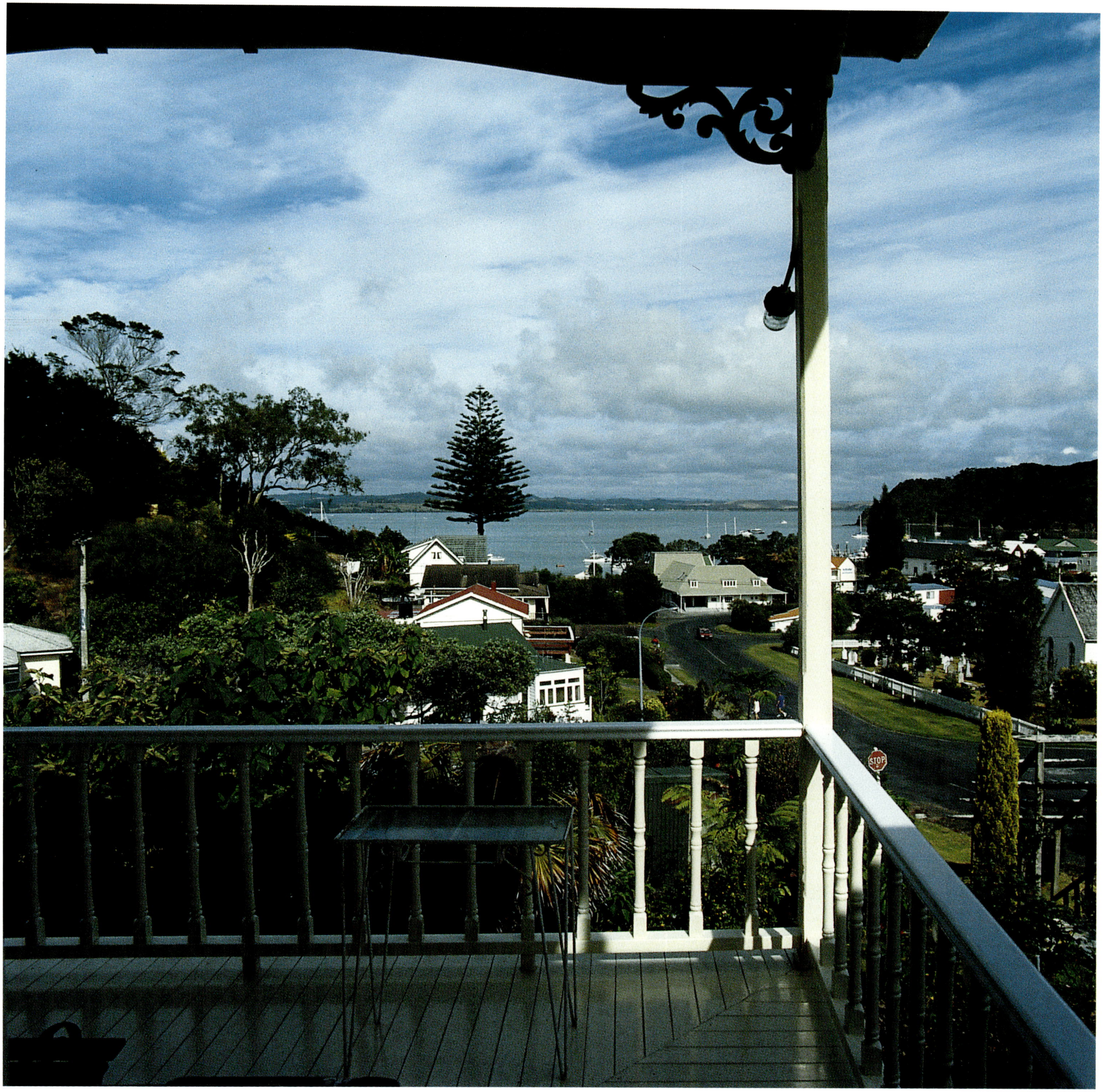
STOP

◁ RUSSELL   Das kleine Städtchen Russell mit seinen hübschen Holzhäusern ist eine Ferienidylle für Segler und ein Zentrum der Tiefsee-Sportfischerei.

ROTORUA Vor dem Badehaus in Rotorua, Tudor Towers genannt, geben sich Kurgäste dem Bowls-Spiel hin. Die Mannschaften tragen traditionsgemäß Weiß.

DIE MENSCHEN   *Zuschauerin eines Bowls-Spiels in Wakefield bei Nelson, das nach dem*   *Gründer der New Zealand Company benannt ist …*

... Wie die Neuseeländerin links wirkt auch dieser alte Mann in Auckland sehr britisch. Vor dreihundert Jahren ließen sich die ersten Engländer in Neuseeland nieder, das bis dahin von den Maori besiedelt war.

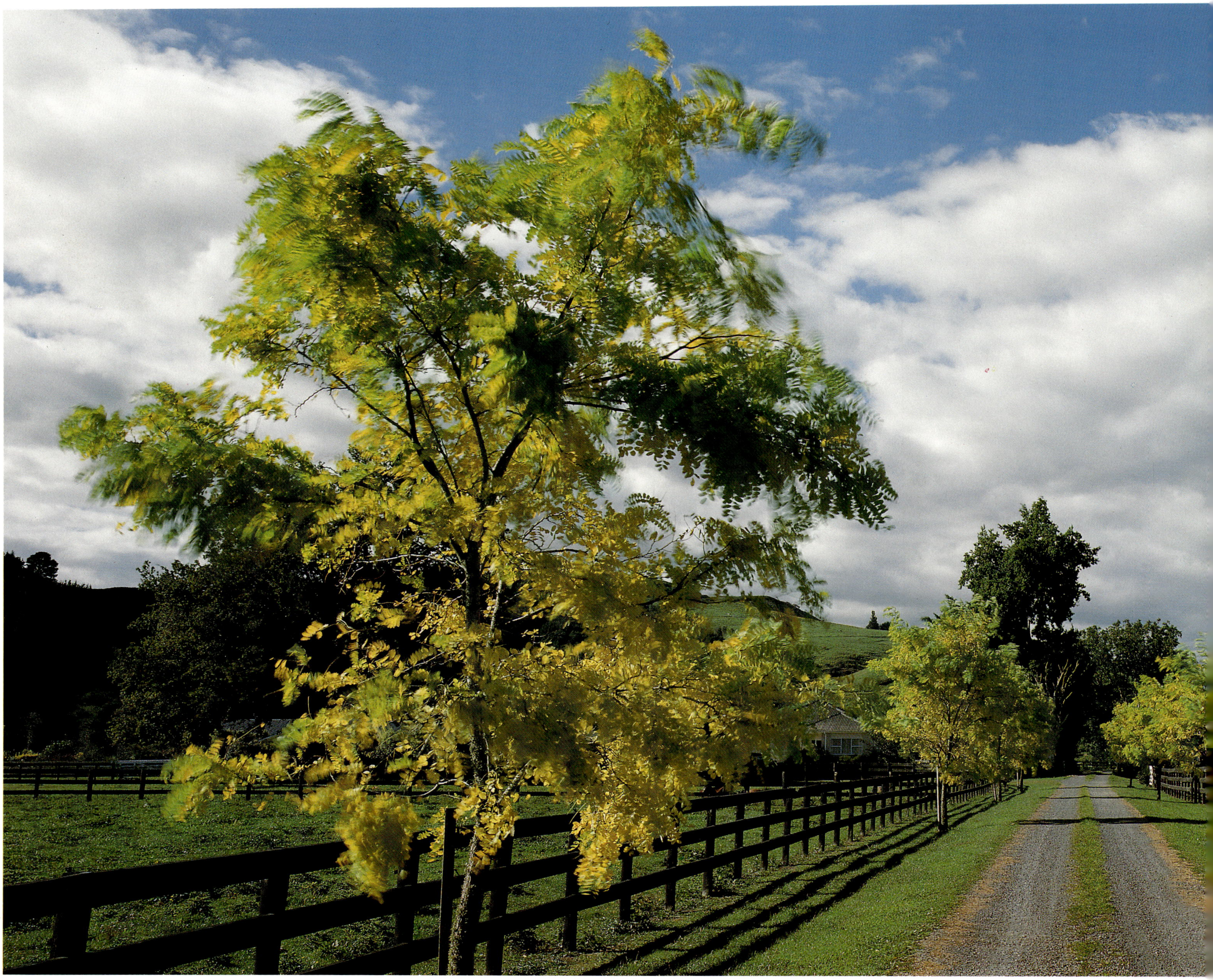

PFERDEZUCHT   *Cambridge, eine englisch geprägte Stadt am Waikato River, und seine Umgebung sind berühmt für die Pferdezucht. Die großzügige Anlage dieses Gestüts verrät, wie einträglich das Geschäft ist. Die Jährlinge werden in alle Welt verkauft.*

NEUSEELÄNDER *Pferdeleidenschaft und rotblondes Haar – die beiden Mädchen aus Wakefield entsprechen der Idealvorstellung der Engländerin. Die Nachfahren der britischen Einwanderer machen den Großteil der neuseeländischen Bevölkerung aus …*

... Zwei Maori und ein Pakeha («Fremder», Weißer) in Christchurch. Etwa 280 000 der insgesamt nur dreieinhalb Millionen Neuseeländer sind Maori oder Mischlinge.

NAPIER *Straßenzug in Napier, jener Stadt an der Ostküste der Nordinsel, die am 3. Februar 1931 zusammen mit dem benachbarten Hastings durch ein Erdbeben weitgehend zerstört wurde. Die Naturkatastrophe forderte mehr als zweihundertfünfzig Menschenleben.*

In Christchurch, der «englischsten» Stadt Neuseelands, herrschen auch heute noch britische Traditionen vor, wie die Kleiderordnung im Christ's College erkennen läßt.

CHRISTCHURCH ▷

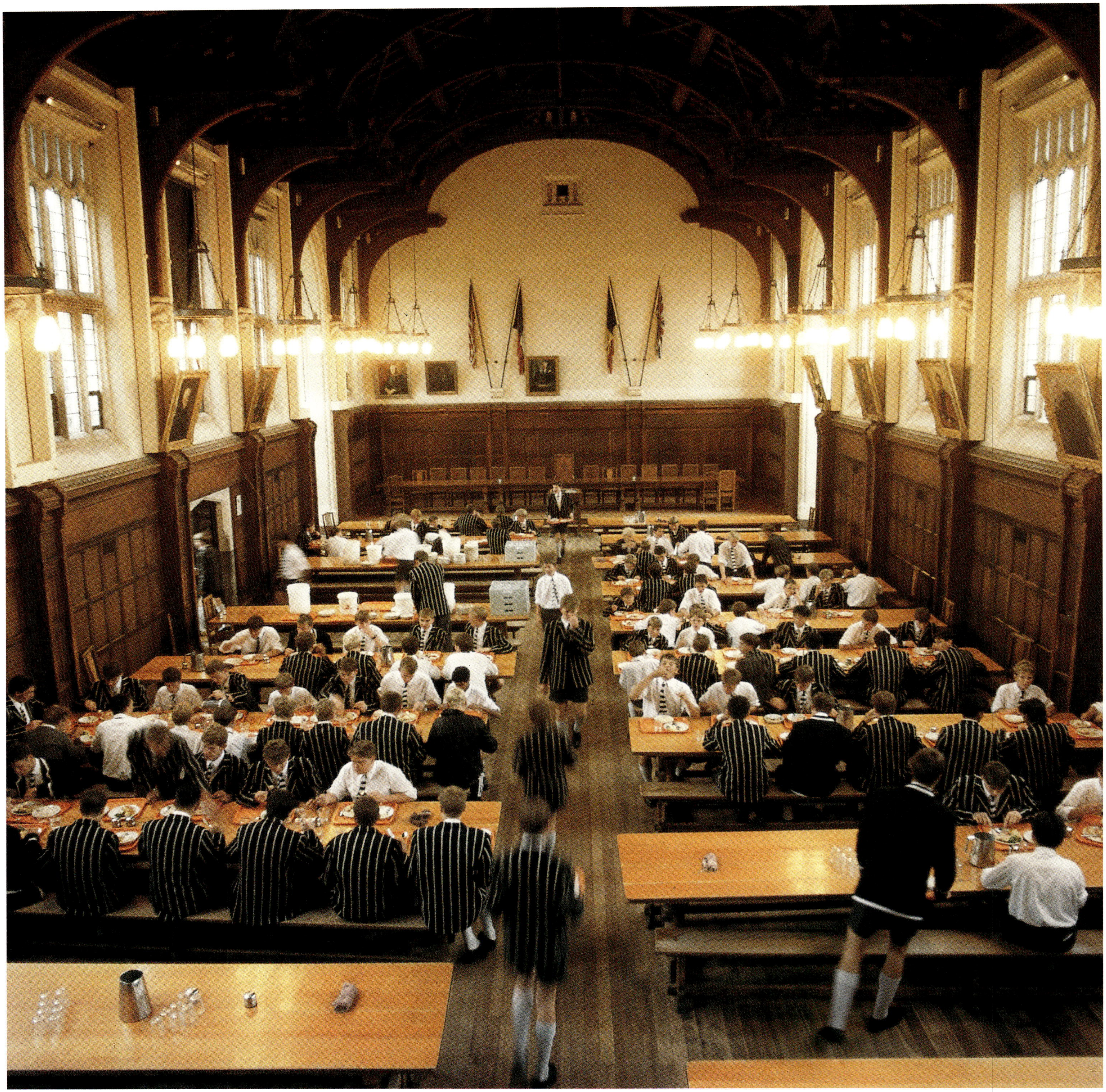

es seit 1947 nur eine Kammer, so daß Neuseeland keine Institution hat, die mit dem «House of Lords» vergleichbar wäre.

Wie Großbritannien ist Neuseeland eine Monarchie. Doch nur selten kommt der Monarch, um seine Funktionen persönlich wahrzunehmen. Dies war zum Beispiel 1990 der Fall, als Königin Elizabeth an den Feierlichkeiten zum hundertfünfzigjährigen Jubiläum des Vertrags von Waitangi teilnahm. Ihre Vorgängerin, Königin Victoria, war das Oberhaupt einer der Vertragsparteien gewesen. Normalerweise wird der Monarch vom Generalgouverneur vertreten. Im 19. Jahrhundert besaß der Gouverneur, der in London ernannt wurde, weit mehr als nur symbolische Macht. Mit dem «New Zealand Constitution Act» von 1852 wurde Neuseeland dann mehr oder weniger «unabhängig», indem es einen eigenen Regierungsapparat erhielt, aber ein neues Gesetz konnte erst in Kraft treten, wenn der Gouverneur und die britische Regierung es angenommen hatten. Es kam vor, daß die Herren in London ein Gesetz ablehnten, das bereits vom Gouverneur unterschrieben worden war.

Ab 1852 hatten nur Landbesitzer das Wahlrecht, und die weißen Siedler argumentierten mit Erfolg, daß die kommunale Besitzform nicht unter diese Regelung falle, was die Maori zwar nicht ausdrücklich, aber faktisch vom Wahlrecht ausschloß. Erst 1867 bekamen sie es zugestanden. Vier Maori-Wahlkreise wurden geschaffen, die bis heute bestehen. Manche weisen mit Stolz darauf hin und führen es als Beweis dafür an, daß die Maori in den demokratischen Prozeß integriert seien; andere sagen, daß die Existenz von Maori-Wahlkreisen auf der einen und «allgemeinen» Wahlkreisen auf der anderen Seite eine Art Separatismus darstelle. Welcher Sichtweise man sich auch anschließt – man sollte wissen, daß die Maori selbst entscheiden können, ob sie ihre Stimme im Maori- oder im allgemeinen Wahlkreis abgeben und daß manche wichtigen Maori-Politiker allgemeine Wahlkreise vertreten, wenn sie von Weißen und Maori gewählt worden sind.

In der Geschichte Neuseelands wird das Jahr 1890 gern als Wendepunkt angesehen. Damals wurden zum ersten Mal mehr Einwohner Neuseelands im Land selbst als in Europa geboren. Außerdem wurde im selben Jahr eine «liberale» Regierung gewählt, die die Grundlage für die merkwürdige Mischung aus Kapitalismus und Sozialismus legte, die für Neuseeland charakteristisch wurde. Ausländische Besucher nannten das Land «ein Labor für soziale Experimente» und «Geburtsort des 20. Jahrhunderts», was die Neuseeländer bis heute gern hören. Nicht nur das Frauenwahlrecht, auch Altersrenten und die staatliche Regelung der Tarifpolitik wurden hier früher als in anderen Ländern eingeführt. Im Laufe der Zeit zersplitterte sich die Liberale Partei, so daß die beiden heutigen Großparteien, National- und Labour Party, mit Recht von sich behaupten können, daß sie die Nachfolgerinnen dieser ehrwürdigen Partei sind.

Die Beziehung zu Großbritannien ist heute zwiespältig. Die Sprache und manche politischen und kulturellen Einrichtungen sind britisch. Aber viele Neuseeländer betrachten diese als so selbstverständlich, daß sie sie als nationale Errungenschaften ansehen und gleichzeitig Großbritannien als altmodisch, reaktionär, schmutzig und vor allem anders ablehnen. Dieselben Neuseeländer aber verteidigen eifrig britische Werte, wenn diese von anderen kritisiert werden. Das Studium der eigenen Familiengeschichte wird intensiv gepflegt, besonders, wenn die Vorfahren Briten waren. Die formellen Beziehungen beider Staaten sind ebenfalls komplex. Das höchste Gericht Neuseelands ist der Court of Appeal in Wellington, aber in bestimmten Fällen können die Parteien beim Privy Council in London in Berufung gehen. Dieser besteht aus britischen Kabinettsmitgliedern und Richtern sowie Vertretern mehrerer Commonwealth-Länder. Solche Relikte des kolonialen Systems passen nicht ins moderne Neuseeland, werden aber nicht abgeschafft. Der Generalgouverneur ist heute noch offizieller Vertreter der Königin, wird aber nicht von ihr nach eigenem Gutdünken ernannt, sondern vom Kabinett gewählt. Waren die Gouverneure früher britische Adlige, so sind sie heute in der Regel Neuseeländer. Als erster Maori wurde 1985 Sir Paul Reeves zum Generalgouverneur ernannt, 1990 erlangte als erste Frau Dame Kath Tizard dieses Amt.

Entfernung von Europa

Die politischen und wirtschaftlichen Beziehungen zwischen Großbritannien und Neuseeland haben sich seit Eintritt des Mutterlandes in die EG grundsätzlich verändert. Ein deutliches Zeichen dafür ist die Paßkontrolle an britischen Häfen und Flughäfen: Als Deutscher etwa kann man schnell und problemlos durch die Paßkontrolle für EG-Bürger gehen, die Neuseeländer müssen sich hingegen mit den Amerikanern, Asiaten und Afrikanern an der Kontrollstelle für «andere Länder» einfinden. Dies ärgert diejenigen, die ihre Eltern oder andere nahe Verwandte in England besuchen wollen. Man fühlt sich im Land der «eigenen» Königin nicht willkommen. Das ist nur eine Folge des EG-Beitritts. Auch der Handel hat sich gewandelt, denn Großbritannien war seit Gründung des Landes nicht nur die kulturelle Heimat der Neuseeländer, sondern auch der Hauptmarkt für die Lebensmittel, die man in Neuseeland so reichlich produzierte. Man hatte für diese «Heimat» in zwei Weltkriegen gekämpft; im Ersten Weltkrieg hatte Neuseeland mehr Tote im Vergleich zur Bevölkerungszahl zu beklagen als irgendein anderes beteiligtes Land. Jetzt verschwand das Land, für das man gekämpft hatte, hinter einer Barriere von Schutzmaßnahmen für die sonst lebensunfähige Landwirtschaft auf dem Kontinent. Man mußte sich nach neuen Märkten umsehen, aber auch das wurde durch die «Dumping»-Politik der EG erschwert, weil die in Frage kommenden Märkte mit den Überschüssen aus der subventionierten Agrarwirtschaft Europas versorgt wurden. Neuseeländischer Käse verschwand aus den englischen Supermärkten. Eine Reihe von langfristigen Verhandlungen in Brüssel begann, aber die Konflikte sind noch lange nicht ausgestanden.

Die positive Seite dieser Entwicklung ist, daß Neuseeland eine neue Unabhängigkeit in seinen Beziehungen zur übrigen Welt

Alltagsszenen in Neuseeland: Kneipe in Kaikoura (links), Pause im Christ's College in Christchurch (rechts oben) und Lesefreuden im Grünen in Auckland (rechts unten).

entwickelt hat. Man versucht, sich als pazifische Nation zu sehen und nicht als entfernten Vorposten Europas. Die kulturellen und wirtschaftlichen Beziehungen zu Indonesien, Japan und anderen asiatischen Ländern werden intensiviert, und die Nähe zu den Inselgruppen im Pazifik wird durch die große Zahl polynesischer Einwanderer besonders augenscheinlich. Auckland gilt als größte polynesische Stadt der Welt. Die 35 000 Samoaner bilden die größte Gruppe, aber auch die 20 000 Cook-Insulaner sind schon deswegen bedeutsam, weil es sich dabei um etwa die Hälfte aller Cook-Insulaner überhaupt handelt. Die Einwanderung aus Niue ist in dieser Hinsicht noch bemerkenswerter: In Niue selbst leben 4000 Niuaner, in Auckland 8000. Die kleine Inselgruppe Tokelau kann nur sehr wenige Menschen ernähren, und nach den Verwüstungen durch einen Hurrikan im Jahre 1966 kamen fast alle Bewohner der Insel nach Neuseeland. Die Tokelau-Sprache wird heute nur noch in Neuseeland gesprochen.

Ein Teil der Einwanderer – diejenigen von den Cook-Inseln und aus Niue – hat grundsätzlich Wohnrecht in Neuseeland, andere wurden in den Siebzigern als Gastarbeiter angeworben; ihre Situation kann mit der von Gastarbeitern in Deutschland verglichen werden. Sie senden etwa die Hälfte ihres Einkommens nach Hause, aber ihre Kinder, die die «Heimat» überhaupt nicht kennen, würden das Geld lieber für Autos als für nie gesehene Cousins und Cousinen in Samoa ausgeben. Das Problem wird in Albert Wendts Roman «Sons for the Return Home» dargestellt. (Der Name des samoanischen Autors erinnert übrigens daran, daß auch die Deutschen im Pazifik einmal eine Rolle gespielt haben.) Die Eltern träumen von Samoa, wissen, daß sie nie dorthin zurückkehren werden, und bereiten ihre Kinder auf die Heimkehr an ihrer Stelle vor. Natürlich können diese Kinder das ferne Inselland nicht als ihre Heimat anerkennen. Trotzdem halten die meisten Polynesier in Neuseeland an ihrem Kulturgut fest und bereichern das Leben ihres Gastlandes durch farbenfrohe, fröhliche Feste.

Das urbane Neuseeland

Das Stadtleben, das die Polynesier in Auckland führen, scheint wenig mit dem Leben auf den tropischen Inseln, wo sie ursprünglich lebten, gemeinsam zu haben. Es hat auch wenig zu tun mit dem Leben, das Neuseeländer der Legende nach führen müßten. Denn alle Eigenschaften, die gemeinhin als «neuseeländisch» gelten, haben etwas mit dem Leben im Busch, an einsamen Stränden oder auf dem Lande zu tun. In der Tat aber leben achtzig Prozent der Neuseeländer heute in der Stadt. Der typische Neuseeländer trägt nicht Gummistiefel wie sein mythologisches Gegenstück, sondern schwarze Lederschuhe. Morgens melkt er nicht die Kühe, sondern geht lustlos ins Büro.

Auckland, wo mehr als ein Viertel der Bevölkerung lebt, ist eine riesige Stadt mit ausgedehnten Vororten. Von der Fläche, wenn nicht auch der Bevölkerungszahl her eine wahre Weltstadt: Sie ist 5200 Quadratkilometer groß. Man hat hier nämlich nicht in die Höhe gebaut wie in New York, sondern in die Breite, so daß die Mehrzahl der 800 000 Einwohner in von Gärten umgebenen Einfamilienhäusern lebt. Das Klima fördert das Leben im Freien, und die Allgegenwart des Meeres und die vielen Parks im Stadtgebiet unterstützen diese Tendenz. Bei Auckland ist die Nordinsel extrem schmal: Von einigen vulkanischen Erhebungen aus kann man sowohl die Westküste als auch die Ostküste sehen. An beiden Seiten gibt es schöne Häfen. Im Westen brandet das Meer gegen hohe Klippen und kleine Strände, im Osten findet man unzählige Buchten, Landspitzen, Strände und Halbinseln, die die vielen Inseln im Hauraki Gulf umgeben. Hier gibt es so viele Yachten, daß Auckland sich gern «City of Sails» nennt.

Wellington, die von Hügeln gerahmte Landeshauptstadt, hat nicht nur einen großen natürlichen Hafen, sondern auch Badebuchten und Strände.

Neuseeland hat nur wenige große Städte, und keine erreicht die Millionengrenze; die meisten haben eher kleinstädtischen Charakter. – Ein Bankgebäude in Auckland und ein englisch anmutendes Lebensmittelgeschäft in Arrowtown.

Der erste Gouverneur, William Hobson, kaufte diesen Landstrich den Maori ab und gründete hier die erste Hauptstadt Neuseelands. Bis 1860 war Auckland die größte Stadt, als dann aber die Landkriege hier tobten und auf der Südinsel der Goldrausch einsetzte, wurde es von Dunedin überholt. Heute wohnen fast so viele Menschen in Auckland wie auf der ganzen Südinsel, und die Abwanderung der Bevölkerung in den Norden hält an. Als Hauptstadt wurde Auckland 1865 von Wellington abgelöst, als bevölkerungsreichste Stadt, als Industrie-, internationales Mode- und Tourismuszentrum sowie kultureller Schmelztiegel aber bleibt es von besonderer Wichtigkeit.

Wer sich in Auckland langweilt, ist selbst schuld. Das Stadtzentrum, Queen Street und ihre Seitenstraßen, ist zwar nicht in jeder Hinsicht Mittelpunkt der Aktivitäten, aber bei Tag ist es ein lebendiges Einkaufsviertel, und bei Nacht sorgen die vielen Restaurants, Tanzlokale jeglicher Art, Kinos und Theater für Lebendigkeit. Die meisten Bewohner von Auckland kaufen allerdings nicht in Queen Street, sondern in den vielen, überall verstreut liegenden Einkaufszentren ein, die die Stadt als ein Konglomerat von Dörfern erscheinen lassen. Wer das «wirkliche» Leben der Stadt kennenlernen will, muß die Vororte besuchen. Außerdem sollte man die Stadt nicht verlassen, ohne die eindrucksvollen Maori-Kunstwerke im Auckland War Memorial Museum gesehen zu haben oder sich in der Auckland City Art Gallery einen Überblick über die neuseeländische Kunst verschafft zu haben. Die riesige Ausdehnung der Stadt und ihre schöne Umgebung kann man am besten von der Spitze eines der kleinen Vulkane erfassen, die zahlreich im Stadtgebiet vorhanden sind, am allerbesten vom Mount Eden oder vom One Tree Hill.

Südlich von Auckland liegt eine zweite, noch wachsende große Stadt – Hamilton –, die ebenfalls vom Trend der Bevölkerung, in den Norden abzuwandern, profitiert hat. Hamilton ist Mittel-

Oben: Christchurch als wirtschaftlich bedeutendster Ort der Südinsel bietet seinen Besuchern komfortable Hotels.
Unten: Café in Arrowtown. Die ehemalige Goldgräbersiedlung in der Nähe von Queenstown ist heute ein touristisches Zentrum der Südinsel.

punkt und Dienstleistungszentrum einer der fruchtbarsten Weidelandschaften der Welt: Waikato. Hier hatten die Maori in großem Stil Obst- und Gemüseanbau betrieben, mit dem sie Auckland versorgten, bis die Pakeha während der Landkriege die Region besetzten und eigene landwirtschaftliche Methoden einführten. Heute existiert im Waikato eine große Milchindustrie.

Die Hauptstadt

Im Süden der Nordinsel, in der geographischen Mitte des Landes also, liegt die heutige Hauptstadt, Wellington. Sie wurde an einem der schönsten Seehäfen der Welt erbaut, einem tiefen Gewässer, das fast rundherum von hohen Bergen umgeben ist, so daß es auf den ersten Blick wie ein großer Binnensee aussieht. Die Maori halten es für den Mund des großen Fisches, den Maui aus dem Meer gefischt hat und der heute Nordinsel heißt. Nur durch eine enge Passage können die großen Schiffe, die Wellington ansteuern, in den Hafen einfahren. Die Stadt wurde an einer Seite des Hafens erbaut, dort, wo die Schiffe anlegen können; an der gegenüberliegenden Seite erstreckt sich ein breites Flußtal (Hutt Valley), das heute ebenfalls bebaut ist. Nördlich der Stadt gibt es einen Vorort mit eigenem Hafen: Porirua. Das Einzugsgebiet von Wellington schließt die Vororte Hutt Valley und Porirua ein; die Gesamtbevölkerungszahl beträgt etwa 320 000 Einwohner. Die bergige Landschaft macht es unmöglich, daß alle diese Menschen in einer zusammenhängenden Stadt leben. Sie bedingt auch andere Eigenarten der Stadt, zum Beispiel die engen, kurvigen Gassen in den Wohnvierteln, die Autofahrer für anstrengendes Fahren mit atemberaubenden Ausblicken entschädigen, oder die Seilbahn (Cable Car), die einen innerhalb von drei Minuten aus geschäftigen Einkaufsstraßen in die Stille des Botanischen Gartens entführt.

Die Gründung und Entwicklung Wellingtons wurden durch die Berge erschwert. Die relativ häufigen Erdbeben und die Stürme, die durch die Cook-Straße toben, kamen als weitere natürliche Hindernisse hinzu. Schon 1848, als ein Erdbeben ihre Häuser zerstörte, verließen viele der ersten Siedler die Gegend, und 1855 fand das größte Erdbeben statt, das Neuseeland je heimgesucht hat; weil man aber inzwischen aus Holz baute, blieben die Schäden begrenzt. Weitere größere Beben sollten folgen. Zum Teil wegen der Erdbebengefahr und zum Teil aufgrund von Prognosen, die sich nicht bewahrheitet haben, zerstörte man in den letzten zwanzig Jahren im Stadtkern die viktorianischen Häuser und ersetzte sie durch gläserne Hochhäuser, die angeblich mehr Sicherheit bieten als die alten Häuser aus Naturstein oder Backstein. Andere Stadtteile haben allerdings ihren viktorianischen Charakter bewahrt. Alte Holzhäuser klammern sich an Berghängen fest, umweht von starkem Wind. Die Wellingtoner haben sich an eine Windstärke von sechzig Stundenkilometern gewöhnt – sie (oder noch höhere Windstärken) wird an hundertfünfzig Tagen im Jahr gemessen. Dafür ist es hier selten extrem kalt oder extrem heiß, und an windstillen Tagen ist das Wasser im Hafen manchmal so still wie ein Parkteich. An solchen Tagen kann der Blick durch die klare Luft bis in weiteste Entfernungen schweifen.

Mittelpunkt der Stadt ist das Regierungsviertel mit dem «Bienenkorb» (Beehive) genannten runden Parlamentsgebäude. Die Anwesenheit der Abgeordneten, Staatsbeamten und Botschafter in einer relativ kleinen Stadt ist spürbar, aber Wellington hat auch eine kosmopolitische Bevölkerung und ein reges Kulturleben. Außerdem gibt es hier reichlich Gelegenheit für Spaziergänge durch abwechslungsreiche urbane und ländliche Regionen. Die nationalen Kunstsammlungen, der Botanische Garten mit neuseeländischen Bäumen oder auch die Maori-Siedlungen bieten eine Fülle von Sehenswertem. Nicht nur in der Umgebung, sondern auch im Stadtgebiet selbst gibt es mehrere Strände.

Die «englischste» Stadt Neuseelands

Nach Auckland und Wellington ist, mit etwa 300 000 Einwohnern, Christchurch die drittgrößte Stadt Neuseelands. Sie liegt in den Canterbury Plains an der Ostküste der Südinsel, einer großen Flußebene. An schönen Tagen schimmern die schneebedeckten Berge der Südalpen in der Ferne. Näher der Stadt liegt die aus vulkanischem Gestein bestehende Banks-Halbinsel, auf der Christchurchs Hafen Lyttleton und die malerische Kleinstadt Akaroa liegen. Durch Christchurch fließt ein von Trauerweiden und Unmengen von Narzissen gesäumtes, englisch anmutendes Flüßchen, das zudem noch einen englischen Namen hat: Avon. Überhaupt meinen viele, daß Christchurch einen sehr englischen Charakter hat, was englische Touristen vielleicht überrascht.

In der Tat wurde die Stadt von einer elitären Gruppe gegründet, die das Musterbeispiel einer anglikanischen Kolonie schaffen wollte. Ihr Leiter, John Robert Godley, genoß die Freundschaft und Unterstützung des Erzbischofs von Canterbury, mehrerer englischer Bischöfe sowie anderer Kirchenmänner, Lords und Abgeordneter. 1850 landeten die sorgfältig ausgesuchten und wohlgehüteten «Canterbury-Pilger» an der fremden Küste. Godley gab der Stadt den Namen seines Colleges in Oxford. Die Siedler selbst sowie die Architektur und die Einrichtungen von Christchurch, sie alle wiesen einen starken englischen Einfluß auf. Vielleicht konnte sich das Englische auch darum so leicht durchsetzen, weil sehr wenige Maori in dieser Gegend lebten. Heute erkennt man den englischen Einfluß vor allem in der altehrwürdigen Kathedrale, den neugotischen Verwaltungsgebäuden, dem Arts Centre, dem Gericht und der alten Universität (Christ's College). Der hohe Standard der Bildungseinrichtungen ist allgemein anerkannt.

Allerdings ist in Christchurch auch die moderne Architektur eindrucksvoll vertreten. Das Rathaus (Town Hall) wird von vielen auch nach dem Bau des Aotea Centre in Auckland und des Michael Fowler Centre in Wellington als das schönste Kulturzentrum Neuseelands angesehen. Die Neugestaltung des Platzes vor der Kathedrale wird ebenfalls vielfach gelobt. Seit Mitte der sieb-

Fortsetzung Seite 111

LICENSED RESTAURANT
TAKE AWAYS · OPEN 7 DAYS A WEEK
Pizza Hut
moira foster
FRONTLINE
Babette
portmans
LINGERIE
portmans
LEATHER
21
SALE

◁ AUCKLAND *Auckland, mit rund 800 000 Einwohnern Neuseelands größte und wirtschaftlich führende Stadt, zeigt sich in seinem Innern als moderne City mit kosmopolitischem Flair.*

WELLINGTON *Die Skyline von Wellington erhebt sich im milden Morgenlicht, als sei sie soeben aus den Wassern der Bucht aufgestiegen.*

VORORT VON
WELLINGTON

Die Wohngebiete von Wellington bestehen aus einzeln stehenden Häusern, zu denen meist ein kleiner gepflegter Garten gehört ...

... Die Architektur der neuseeländischen Wohnhäuser ist unverkennbar vom englischen Landhausstil geprägt und verrät die Vorliebe ihrer Bewohner für Individualität.

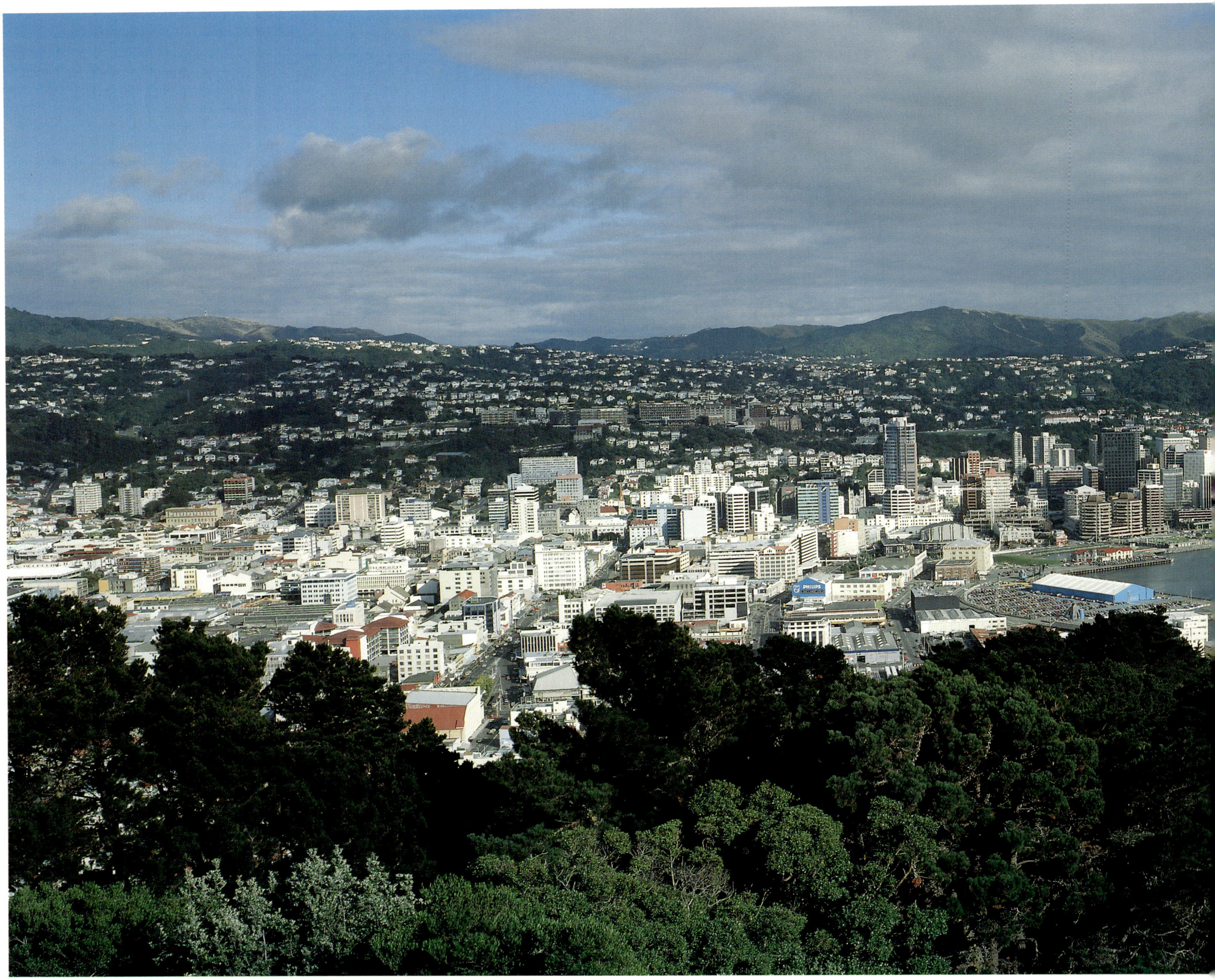

WELLINGTON *Neuseelands Hauptstadt Wellington ist am Südende der Nordinsel um eine Bucht gebettet und breitet sich mit ihren Vororten auf den umliegenden Hügeln aus. Wie aus dem Boden gestampft, sondert sich die moderne City von ihrer idyllischen Umgebung ab.*

AUCKLAND   *Vor der Hauptpost im Zentrum von Auckland geht es um die Marktstände herum farbig und fröhlich, aber geruhsamer als in europäischen Großstädten zu ...*

…Auch die Queen Street hat ein eher lockeres Flair. Straßenmusikanten gehören zum gewohnten Bild.

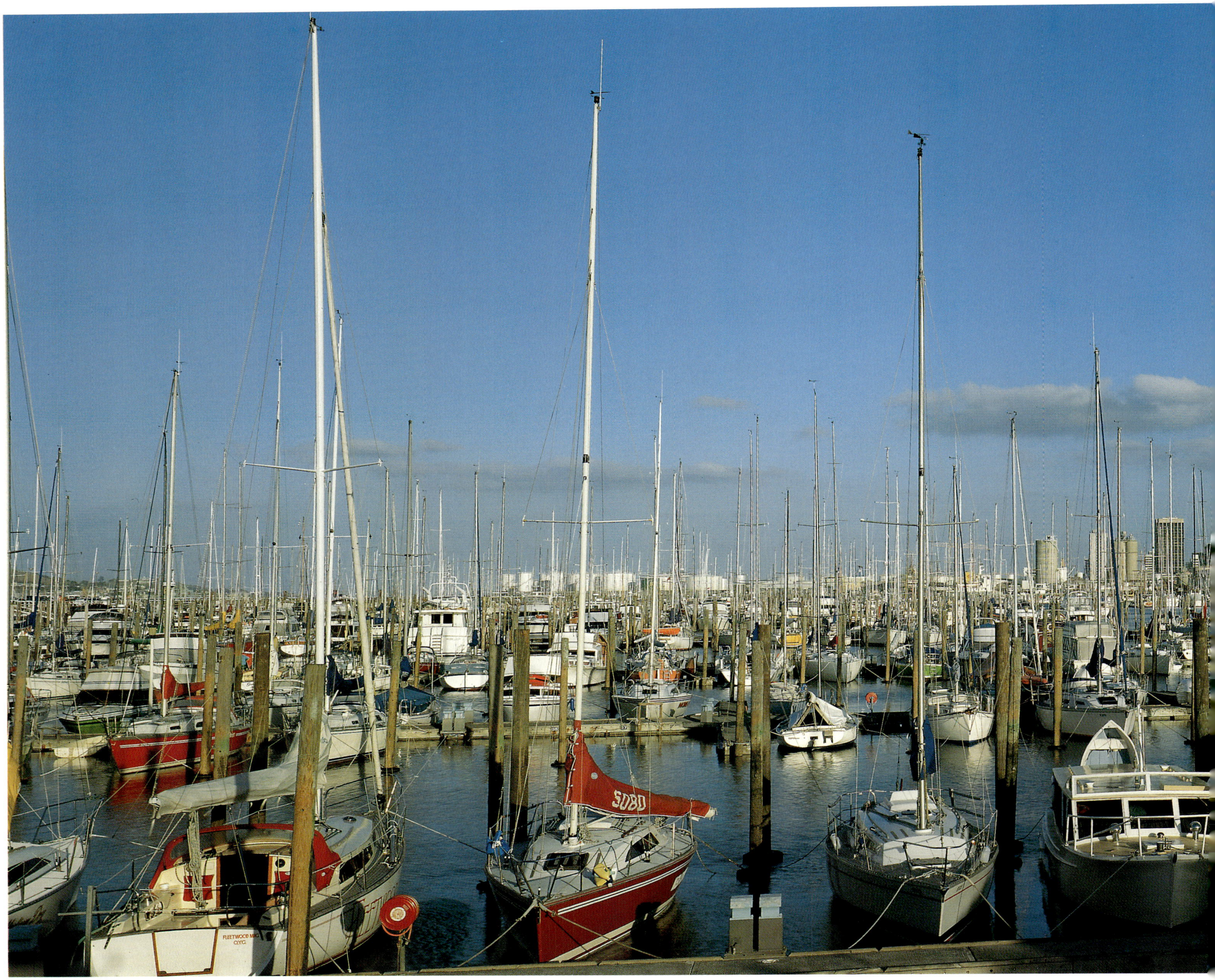

«CITY OF SAILS» *Mehrere zehntausend Segelboote liegen in den Yachthäfen von Auckland, die an den Wochenenden in die Bucht ausschwärmen. Durch den Mastenwald blickt man auf die eher unspezifische Skyline einer modernen Großstadt, zu der Auckland sich entwickelt hat.*

AUCKLAND *Die Perspektive täuscht: Aucklands Rathaus, die Townhall im viktoriani- schen Baustil, wird überragt von modernen Glasbetonbauten, …*

... *die es auch Neuseelands Architekten angetan haben. In Auckland umzingeln Wolkenkratzer altehrwürdige Gebäude und lassen sie zu Miniaturen schrumpfen.*

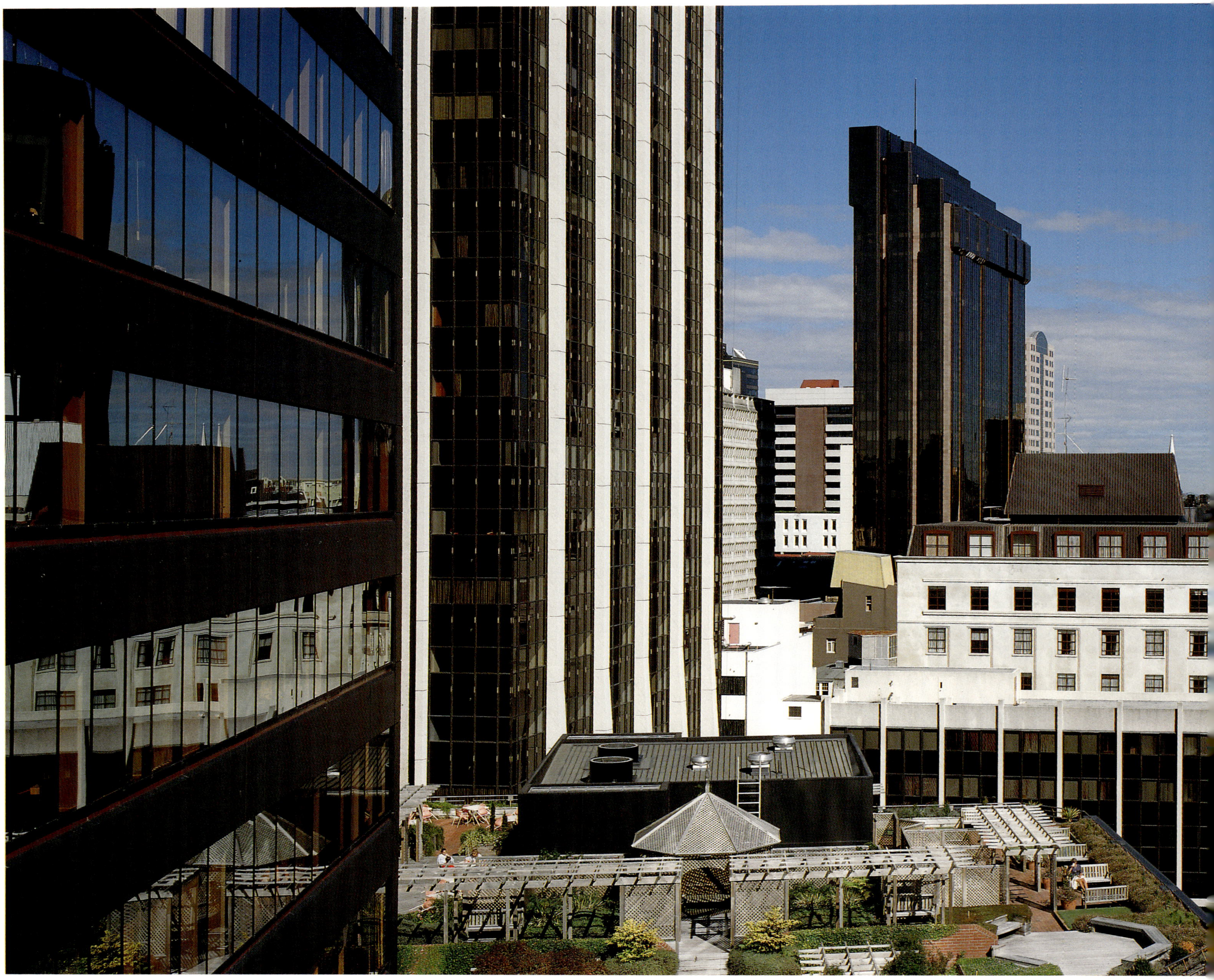

AUCKLAND Wie in allen Bankercities der Welt stellen sich auch im Bankenviertel von Auckland die Skyscraper gegenseitig in den Schatten. Doch in dem von Grün verwöhnten Land findet sich hier und da im Wolkenkratzerwald eine kleine Oase in Form eines hübschen bepflanzten Dachgartens.

AUCKLAND   Mehr als ein Viertel der Einwohner Neuseelands lebt in Auckland, der einzigen Stadt, für die die Bezeichnung Metropole angemessen ist. – Hotels im viktorianischen Stil vor blitzenden Hochhausfassaden: das «Aurora-Hotel» und …

... das «Queens Head Hotel». – Daß sich Einwanderer aus aller Welt und besonders aus dem pazifischen Raum in erster Linie in Auckland niederlassen, spiegelt sich auch in der internationalen Auswahl an Restaurants wider: Hier gibt es holländische, italienische, libanesische, chinesische, japanische, chilenische, indonesische und mexikanische Lokale.

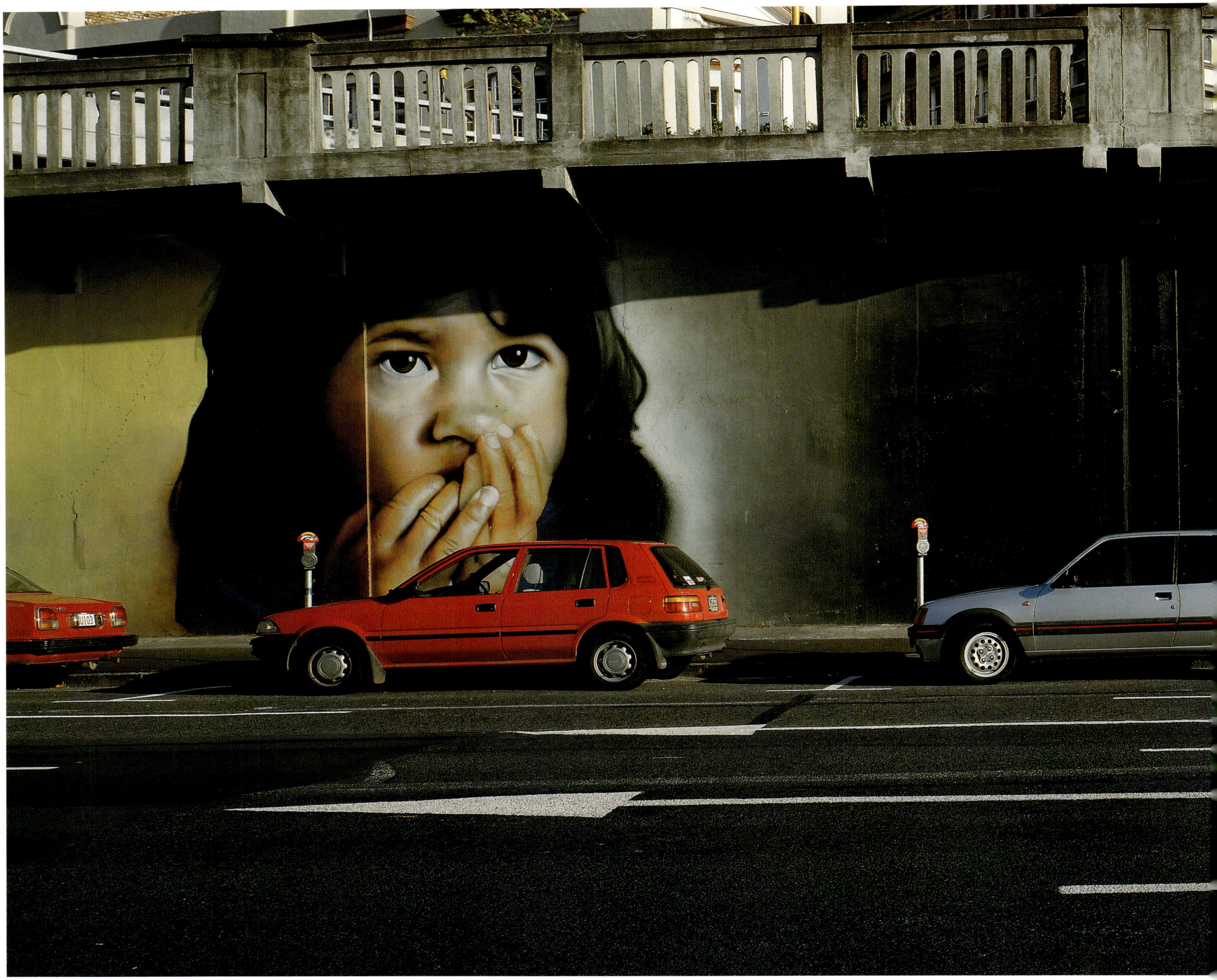

MAORI UND PAKEHA *Auckland zeigt auf einem Wandgemälde in der Hafengegend den Zusammenprall der Kulturen: Ein Maori-Mädchen und ein weißes Mädchen schauen etwas besorgt in eine ungewisse Zukunft. Zwischen ihnen scheint die Welt(kugel) zu stehen. Tatsächlich ist das Verhältnis zwischen den verschiedenen Bevölkerungsgruppen in der Einwandererstadt Auckland nicht völlig frei von Spannungen.*

CHRISTCHURCH *Christchurch wurde 1845 als anglikanische Siedlung gegründet und ist auch heute nicht nur architektonisch vom englischen Stil geprägt. Hier sieht man die Hauptpost..*

... Die Kathedrale, die den Mittelpunkt der rechtwinklig angelegten Stadt bildet, wurde 1864 im neugotischen Stil erbaut.

INVERCARGILL *In Invercargill, dem Zentrum des von der Schafwirtschaft geprägten Southland, deuten viele Straßennamen darauf hin, daß es eine ursprünglich schottische Siedlung ist.*

Das Kirchlein bei Wellsford nördlich von Auckland präsentiert sich blütenweiß in der typischen Holzbauweise.

NEUSEELÄNDISCHE ARCHITEKTUR ▷

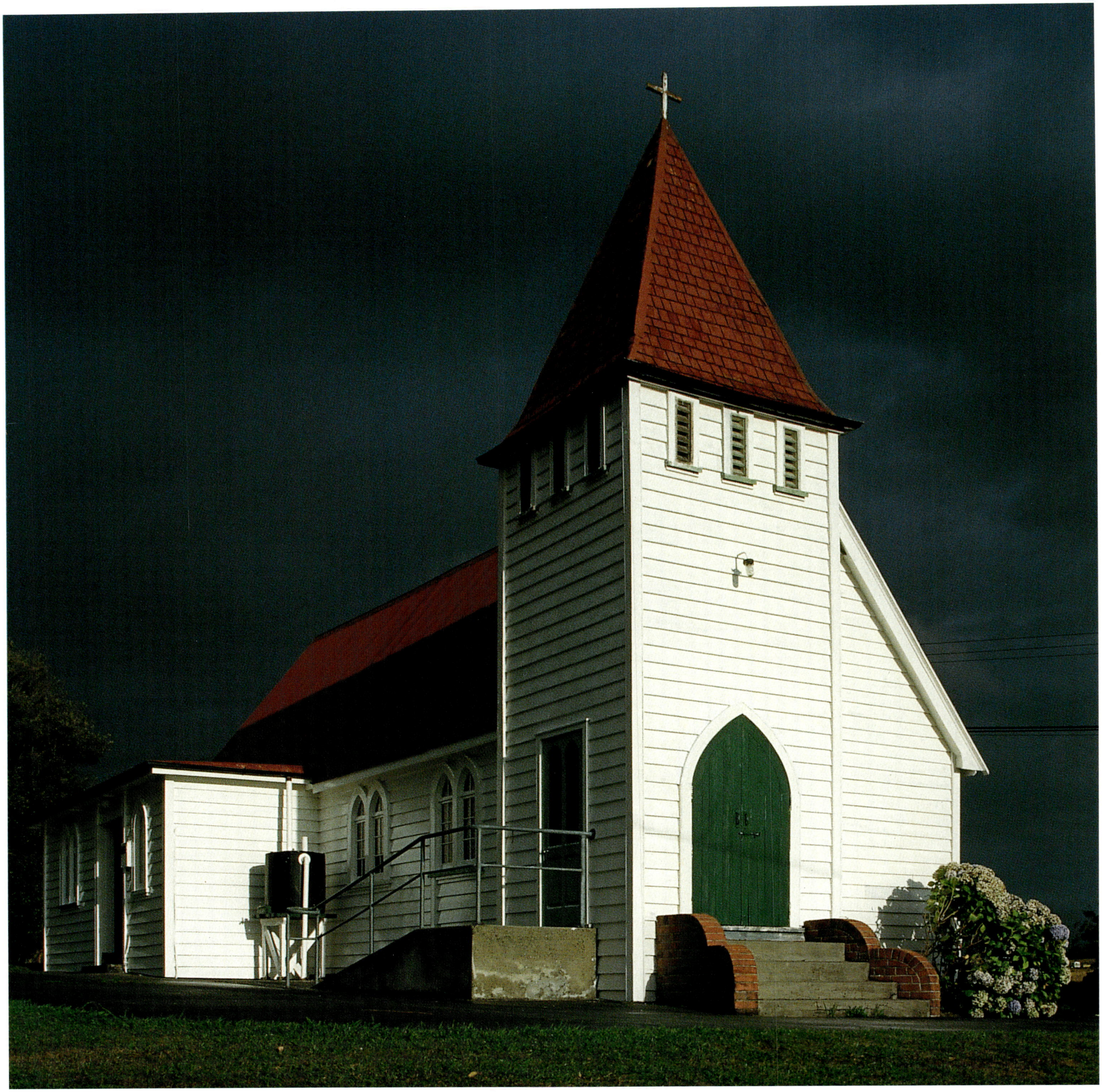

ziger Jahre wurden viele Häuser aus der Zeit der Jahrhundertwende durch moderne Bürohäuser, Restaurants und Fußgängerzonen ersetzt.

Das «schottische» Dunedin

Christchurch hat weniger unter der Bevölkerungsabwanderung in den Norden gelitten als Dunedin, das, obwohl kaum größer als Hamilton, nichtsdestotrotz immer noch die viertgrößte Stadt Neuseelands ist. Es ist schwer vorstellbar, daß Dunedin um die Jahrhundertwende alle anderen Städte an Reichtum und Einfluß übertraf. Das Klima ist hier wesentlich kälter als etwa in Auckland, und es gibt mehr Regentage, als es manchen Leuten recht ist.

Gilt Christchurch als besonders englisch, so ist Dunedin von seiner Gründung her eher schottisch. Der Name ist eine veraltete Form des Namens Edinburgh, und der erste Bebauungsplan war dem Edinburghs nachgebildet. Nach einem Streit innerhalb der presbyterianischen Kirche wurde 1844 die Free Church of Scotland gegründet, ihre Mitglieder waren die ersten Siedler in Dunedin. Die Hoffnung, daß Dunedin eine Mustersiedlung strenger Puritaner sein könnte, mußte aufgegeben werden, als 1860 der Goldrausch einsetzte. Die alten Siedler wehrten sich gegen neue, «unmoralische» Einflüsse, aber ohne Erfolg: 48000 Menschen strömten innerhalb von zwei Jahren in Dunedins Provinz Otago. Die Einwohnerzahl der Stadt verfünffachte sich in vier Jahren. Dieser einschneidenden Veränderung verdankte sie ihre Stellung als größte, internationalste, reichste und am stärksten industrialisierte Stadt Neuseelands. Die besten Zeitungen, die angesehensten Schulen und die fortschrittlichste Kultur waren hier zu Hause. Heute ist Dunedin dafür bekannt, daß man hier besonders schöne und besonders große viktorianische Häuser besonders billig kaufen kann. Die Stadt ist heute nicht mehr so mächtig, strahlt aber nach wie vor einen gewissen Charme aus, und wer im Winter starke Kälte verträgt, kann in Dunedin ein angenehmes, ruhiges Leben genießen.

Ausprägungen der Kultur

Die alten Holzhäuser haben für viele Freunde Neuseelands besonderen Reiz. Schon in sehr frühen Jahren ersetzten die europäischen Siedler ihre primitiven Strohdachhütten durch Holzschindelhäuser, deren Architektur sich über viele Jahre nicht grundsätzlich verändert hat. Holz gab es genug, und die holzverarbeitende Industrie war eine der ersten Industrien, die sich in Neuseeland etablierten. Außerdem bietet die Flexibilität eines Holzhauses mehr Sicherheit gegen Erdbeben als Häuser aus Stein. Eines der größten Holzhäuser der Welt ist das alte Parlamentsgebäude in Wellington, ein besonders schönes Beispiel für Holzarchitektur ist die Kirche Old St. Paul's in derselben Stadt.

Ebenfalls in Wellington trifft man auf die ersten Ergebnisse einer neuen Architektur nach dem Zweiten Weltkrieg. Der aus Österreich stammende Architekt Ernst Plischke errichtete hier 1955 das erste neuseeländische Hochhaus: Massey House am Lambton Quay. Seitdem hat die ganze Innenstadt ein neues Gesicht bekommen, eine Entwicklung, die zur selben Zeit ähnlich auch in Auckland stattfand. Bis in die Gegenwart ging diese Entwicklung weiter, obwohl man seit der Finanzkrise von 1987 erkannt hat, daß viele Hochhäuser wohl jahrelang leerstehen werden. Der Versuch, einen bescheideneren, aber nicht weniger charakteristischen Architekturstil zu entwickeln, wird von Künstlern wie Ian Athfield engagiert betrieben. Seine einfallsreichen Wohnhäuser sind sichtbarer Ausdruck einer kritischen Haltung gegenüber der Sterilität mancher Bürohochhäuser.

Auch andere Kulturformen haben sich in ihrer Eigenwilligkeit entwickelt und gedeihen trotz mancher Widerstände. Von den enormen Subventionen, die deutsche Theater erhalten, können neuseeländische Theatermacher nur träumen, und trotzdem ist das Theaterleben in den größeren Städten beachtlich. Es gibt vier oder fünf Opern in Neuseeland, und in den städtischen Theatern werden immer wieder neue, provokante Stücke neuseeländischer Schriftsteller aufgeführt. Nicht wenige der interessantesten Schriftsteller sind Maori. Irgendwie schaffen es die kleinen Verlagshäuser, eine erstaunliche Anzahl neuer Bücher herauszubringen, auch wenn die Bedingungen in einem Land, dessen niedrige Bevölkerungszahl keine großen Auflagen erwarten läßt, denkbar ungünstig sind. Die Filmindustrie leidet auch an leeren Kassen, aber für zwei oder drei größere Erfolge im Jahr scheint das Geld zu reichen. Musik jeder Art von Pop bis Wagner kann man in den Konzertsälen hören, so daß manche über die Qual der Wahl klagen. Besonders stark vertreten ist das Kunsthandwerk. Neuseeländische Töpfer, Holzschnitzkünstler und Schmuckhersteller, die mit Jade und Knochenschnitzereien arbeiten, brauchen den internationalen Vergleich nicht zu scheuen. Auch unter ihnen sind viele Maori, die alte Traditionen mit neuen Ideen verknüpfen.

Die Vorstellung, daß es in Neuseeland keine «Kultur» im engeren Sinne gebe – keine Literatur, Musik und Kunst, die erwähnenswert wäre – und daß etwa ein Neuseeländer mit außergewöhnlicher musikalischer Begabung ins Ausland müsse, um sich ausbilden zu lassen und Karriere machen zu können, ist also eine Vereinfachung und zum Teil eine Verzerrung der Realität. Sicherlich tragen viele Neuseeländer selbst das Bild von einem Land weiter, wo das Leben in der freien Natur Vorrang gegenüber geistigen Tätigkeiten habe, aber Tatsache ist auch, daß Neuseeland mehr als tausend musikalische Einrichtungen hat (1988), daß laut Buchverkaufs- und Bibliotheksausleihstatistik in Neuseeland mehr gelesen wird als in jedem anderen Land der Vereinten Nationen und daß neuseeländische Filme wie «Sleeping Dogs» (1977), «Sons for the Return Home» (nach einem Roman des Samoaners Albert Wendt, 1979), «Good-Bye Pork Pie» (1981), «Utu» (1983), «Vigil» (1984), «The Silent One» (1984), «Other Halves» (1985), «Flying Fox in a Freedom Tree» (ebenfalls nach Albert Wendt, 1989) oder «Angel at My Table» (nach der Autobiographie der Schriftstellerin Janet Frame, 1989) bei internationalen Festspielen Preise und Achtungserfolge erzielt haben und zum Teil auch Kassenerfolge waren. Alle genannten Filme konnte man auch in deutschen Kinos oder im deutschen Fernsehen sehen.

Die frühe Literatur

Neuseeländische Literatur gab es lange, bevor die Europäer das Land «entdeckten», aber die mündliche Tradition der Maori bedarf heute einer engagierten Pflege, um vor dem Aussterben bewahrt zu werden. Bedeutende Anthologien früher Gedichte und Erzählungen in Maori-Sprache und englischer Übersetzung wurden von Sir George Grey, Sir Apirana Ngata, Anthony Alpers, Barry Mitcalfe und Margaret Orbell herausgegeben und sind bis heute auf dem Buchmarkt. Aber jede schriftliche Fixierung mündlicher Literatur bringt erhebliche Eingriffe in die Authentizität mit sich: Die Flexibilität der Überlieferung, die zahllose Varianten zuläßt, muß einer definitiven Fassung weichen; die soziale Situation, in der gesungen und erzählt wird, hat wenig mit der des Lesers gemein; ein «Geschichtsbegriff» wird dieser Literatur aufgezwungen, die die Vergangenheit nach den jeweils aktuellen Erfordernissen umzuformen wußte. So lesen wir diese Werke, wie wir Ausstellungsgegenstände im Museum betrachten, und es gilt hier wie dort, kraft der eigenen Phantasie den Werken etwas von ihrer Ursprünglichkeit zurückzugeben.

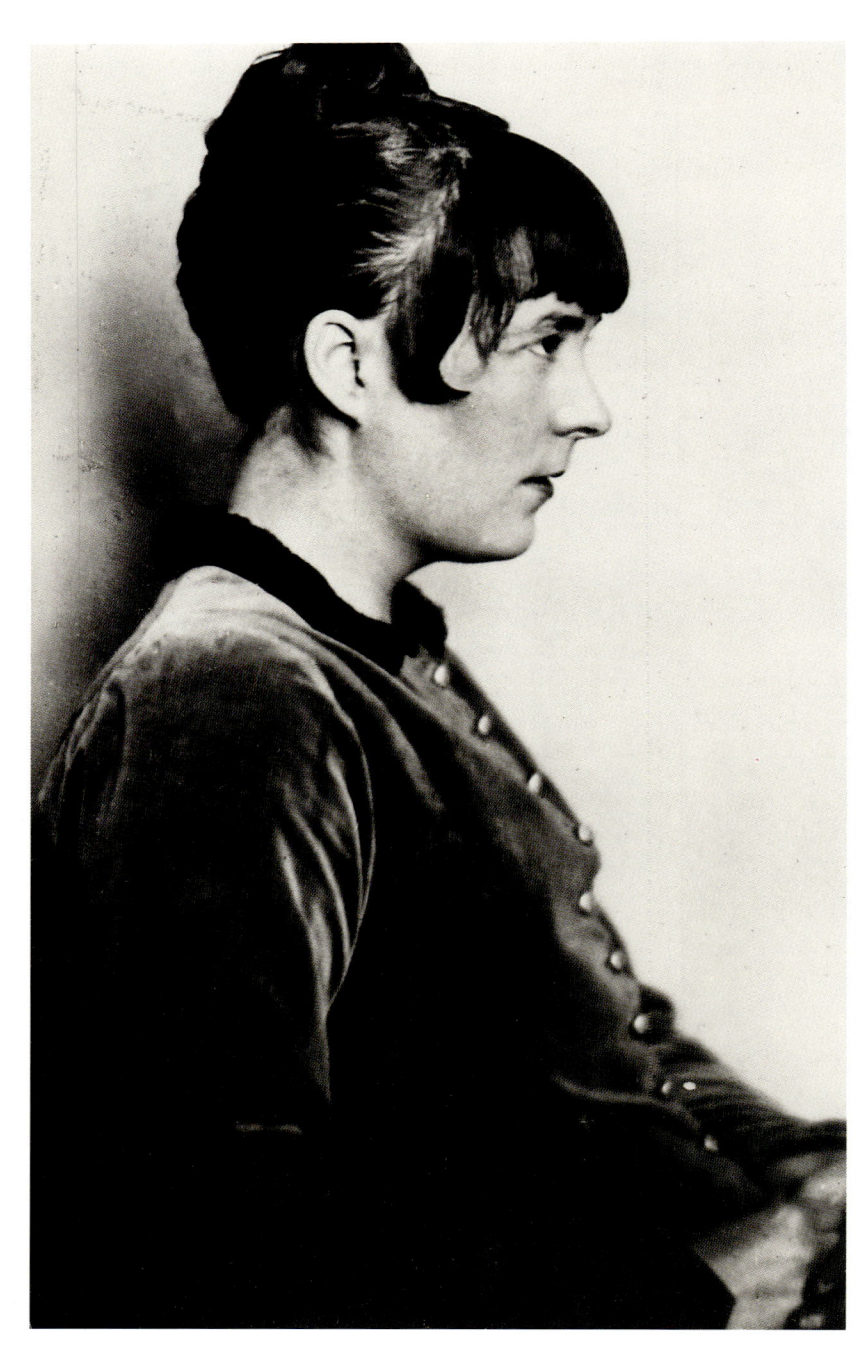

Die ersten englischsprachigen Werke über Neuseeland waren Erlebnisberichte von Forschern und Reisenden, und bis ins 19. Jahrhundert herrschten solche nicht-fiktiven Werke vor. Erst um 1860 ist der Beginn einer Romantradition zu datieren. Einer der frühesten Schriftsteller war Benjamin Farjeon (1838–1903), der zwei Goldgräberromane und einige Theaterstücke verfaßte, bevor er 1868 nach England auswanderte, wo er ein Erfolgsautor in der Sparte Krimis und Abenteuerromane wurde. Der englische Schriftsteller Samuel Butler (1835–1902) wohnte einige Jahre in der Nähe von Christchurch; sein berühmter Roman «Erewhon» (1872) beginnt mit der Schilderung einer Reise in die südliche Bergwelt, wo der Erzähler auf eine utopische Gesellschaft trifft, die in vieler Hinsicht ein Spiegelbild englischer Verhältnisse ist. Dieses große Werk der Weltliteratur verdankt dem neuseeländischen Hintergrund viel, aber ob sein englischer Autor deswegen als neuseeländischer Schriftsteller gelten kann, bleibt umstritten. Die beiden Romane von Lady Barker, «Station Life in New Zealand» (1870) und «Station Amusements in New Zealand» (1873), in denen die Autorin auf witzige und sehr plastische Art das Leben einer Frau in der Männerwelt der Schäfer be-

Während die neuseeländische Schriftstellerin Janet Frame (geboren 1924, links) erst kürzlich auch in Europa bekannt wurde, gehört Katherine Mansfield (1888–1923, rechts) vor allem aufgrund ihrer Kurzgeschichten seit langem zu den Klassikern der englischsprachigen Literatur.

schreibt, sind Klassiker der neuseeländischen Literatur. Man könnte Lady Barker vielleicht als Vorgängerin der auch in Deutschland sehr beliebten Mary Scott (1888–1979) betrachten. Auch der feinsinnige Roman «Grand Hills for Sheep» von Georgina McDonald (1953) steht in dieser Tradition, ist jedoch im Ton ernsthafter als die Werke Scotts. Die Erzähltradition des 19. Jahrhunderts wird von William Satchell abgerundet, der ebenso informative wie spannende historische Romane schrieb. Der bekannteste ist «The Greenstone Door» (1914), in dem Satchell die Landkriege zwischen Maori und Europäern in humaner und literarisch hochrangiger Weise aufarbeitet.

Die Lyrik hat sich unter den Siedlern noch langsamer entwickelt als der Roman, und meist blieb man dabei stehen, neue Inhalte in alte Formen zu gießen, was eher gekünstelt als künstlerisch wirkte. Am originellsten unter den frühen Lyrikern war sicherlich Alfred Domett (1811–1887), aber die fünfhundert Seiten seines Gedichts «Ranolf und Amohia» (1872) liest heute so gut wie niemand. Die Schilderung der Beziehung zwischen einer Maori und einem Seemann wird ständig durch pompöse Naturbeschreibungen unterbrochen. Erst um die Jahrhundertwende ist mit der weit weniger prätentiösen Lyrik der Dichterinnen Blanche Baughan, Ursula Bethell und Eileen Duggan, die das tägliche Leben in poetische Miniaturen faßten, eine beachtenswerte neuseeländische Dichtung entstanden.

Die Prosa des 20. Jahrhunderts

Die früheste Erzählprosa des 20. Jahrhunderts von Rang stammte ebenfalls aus der Feder von Frauen. Allen voran ist hier eine

Die Lyriker A.R.D. Fairburn (1904–1957, oben links) und Fleur Adcock (geboren 1934, unten links) haben der neuseeländischen Lyrik neue Impulse gegeben. Ngaio Marsh (1899–1982, rechts) ist als Kriminalromanautorin hervorgetreten.

Zeitgenössische Lyriker und Prosaschriftsteller – Pakeha und Maori (von oben links nach unten rechts): Brian Turner (geboren 1944), Lauris Edmond (geboren 1924), Allen Curnow (geboren 1911), Denis Glover (1912–1982), Hone Tuwhare (geboren 1922), Patricia Grace (geboren 1937).

Schriftstellerin zu nennen, die die literarische Moderne auf Weltniveau mitgestaltete: Katherine Mansfield (1888–1923). Sie war die Tochter des Wellingtoner Bankiers Harold Beauchamp und hieß eigentlich Kathleen Beauchamp, aber zusammen mit ihrem bürgerlichen Namen warf sie die spießbürgerliche Kultur ihres provinziellen Elternhauses über Bord und floh nach England. Dort und auf dem Kontinent lebte sie als kosmopolitische Bohemienne, aber ihre besten Erzählungen – «The Doll's House», «At the Bay», «Prelude», «The Daughters of the Late Colonel», «The Garden Party» und viele andere – entstanden in Auseinandersetzung mit der neuseeländischen Gesellschaft und lassen sich ohne weiteres im Zusammenhang mit den Werken ihrer neuseeländischen Kolleginnen sehen. Eine davon war Jane Mander (1877–1949), die in «The Story of a New Zealand River» (1921) und fünf weiteren Romanen das Leben der Pionierfrauen darstellt und kritisch beleuchtet. Ihre Sicht des neuseeländischen Landlebens wird von Jean Devanny (1894–1962), die über das Schicksal der Frauen in den Kleinstädten schreibt, auf eine Weise ergänzt, die damals als skandalös empfunden wurde, heute aber durchaus akzeptiert wird. Devannys wichtigster Roman ist «The Butcher's Shop» (1926), wobei der Metzgerladen als Metapher für Neuseeland selbst zu verstehen ist. Diese Reihe bedeutender Frauen wurde von Robin Hyde (eigentlich Iris Wilkinson, 1906–1939) fortgesetzt, die in den dreißiger Jahren mehrere Romane und Gedichtsammlungen veröffentlichte.

Das Jahrzehnt der Depression in Neuseeland wurde dagegen meist von männlichen Schriftstellern bearbeitet. Der Romancier John Mulgan (1911–1945), der in «Man Alone» (1939) das archetypische Bild des ganz auf sich allein gestellten Mannes entwarf, gehörte einer vielbeachteten Dichterschule an. Der älteste in dieser Gruppe war R.A.K. Mason (1905–1971), dessen Gedichte heute zu den Klassikern der neuseeländischen Literatur gehö-

Links: 1858 wurde der erste Maori-König gewählt, Symbol der sozialen und kulturellen Bedeutung der Maori für die neuseeländische Gesellschaft. Unser Bild zeigt die derzeitige Maori-Königin, Dame Te Ata-i-rangi-kaahu. Rechts: Neuseeland hat bedeutende Wissenschaftler hervorgebracht: Ernest Rutherford (1871–1937) erhielt 1908 den Nobelpreis für Chemie (oben). Der Polarforscher Edmund Hillary (geboren 1919) wurde durch seine Mount-Everest-Besteigung 1953 weltberühmt (unten).

ren, nachdem sie zu Masons Lebzeiten so wenig Anerkennung fanden, daß er sehr früh mit dem Schreiben aufhörte, fortan als Gewerkschaftsführer tätig war und nur ein schmales literarisches Œuvre hinterließ. Allen Curnow (geboren 1911) veröffentlichte seinen ersten Gedichtband 1933. Er ist der hochangesehene «Vater» der neuseeländischen Lyrik und schreibt heute noch, wobei er mit den wechselnden Moden der Zeit mitgehalten hat. Er ist der einzige Überlebende dieser Schule, die in Denis Glover (1912–1982) und A. R. D. Fairburn (1904–1957) weitere bedeutsame Vertreter hatte.

Internationale Anerkennung genießt die Krimiautorin Ngaio Marsh (1899–1982). Die meisten ihrer Bücher spielen in England, vier von ihnen aber haben einen neuseeländischen Hintergrund: «Vintage Murder» (1937), «Colour Scheme» (1943), «Died in the Wool» (1944) und «Photo-Finish» (1980). In ihrem Heimatland war sie als Regisseurin von Shakespeare-Stücken sehr angesehen. Jedes Jahr verbrachte sie einige Monate in England und einige in Neuseeland und konnte so verwirklichen, was viele Neuseeländer, die die Bindung an ihr Heimatland nicht verlieren wollen, sich wünschen.

In den dreißiger Jahren begannen John A. Lee (1891–1982) und Frank Sargeson (1903–1982) zu veröffentlichen. Lee war ein politischer Rebell, der in «Children of the Poor» (1934) ein Bild der Armut in Dunedin malte, das das Publikum schockierte. Er schrieb noch mehrere sozialkritische Romane. Sargeson wird oft, aber nicht unbedingt zu Recht, als «Erfinder» der neuseeländischen Kurzgeschichte bezeichnet. Wie erwähnt, gab es schon vor ihm wichtige Schriftstellerinnen und Schriftsteller, die sich auch in dieser Gattung betätigten, aber Sargesons nationales Engagement und sein Versuch, die Sprache des «einfachen Menschen» auf literarisches Niveau zu heben, galten als revolutionär. Heute ist man der Auffassung, daß seine Erzählungen gar nicht so «realistisch» sind, wie er selber meinte, aber er hat für die Literaturgeschichte eine bedeutende Rolle gespielt und wird auch heute viel gelesen.

Die neuseeländische Literatur seit 1945 ist so vielfältig und bunt, daß sie sich nicht in wenigen Worten darstellen läßt. Einige bedeutende Schriftsteller und Schriftstellerinnen sind auch international bekannt geworden. Eine davon ist Sylvia Ashton-Warner (1908–1984), deren Roman «Spinster» (1958) als Hollywood-Film mit Shirley MacLaine Furore machte. Ihre Theorien über die bikulturelle Erziehung von Maori-Kindern hat sie in Lehrbüchern dargestellt und in Romanen verarbeitet. Auch Janet Frame (geboren 1924) hat nach und nach eine treue internationale Leserschaft gewonnen. Sie wurde mit vielen Preisen ausgezeichnet und auch für den Literaturnobelpreis vorgeschlagen, bleibt bei alldem aber bescheiden und eher menschenscheu und hält sich aus den literarischen Ereignissen und Intrigen heraus. Ihre poetische Sprache kann verzaubern, doch sie scheut auch nicht vor heiklen Themen zurück. Der Titel einer ihrer Romane, «At the Edge of the Alphabet» (1962), drückt ihren Standort aus: Sie schreibt über das, was sich fast der Sprache entzieht und nur mit künstlerischen Mitteln auszudrücken ist. Ihre Figuren leben manchmal am Rande der geistigen Umnachtung, sind aber nie wirklich geisteskrank. Durch ihre Augen werden die Verhältnisse der Welt scheinbar verzerrt, aber so, daß man tiefere Einsichten über sie bekommt. Die drei Bände von Janet Frames Autobiographie (1983–85) sind realistischer als die Romane, aber wie diese Meisterwerke der Sprachkunst.

Seit etwa 1970 hat eine «Renaissance» der Maori-Literatur für viel Aufsehen gesorgt. Die Erzählungen und Romane von Witi Ihimaera (geboren 1944) und Patricia Grace (geboren 1937) haben uns neue Einsichten in das Leben dieses Volks vermittelt. Der Lyriker Hone Tuwhare (geboren 1922) ist auch in Deutschland bekannt – er lebte hier ein Jahr lang (1985) als Gast der Berliner Regierung und reiste durchs Land. Einige seiner Werke sind in deutscher Sprache beim Straelener Übersetzerkolleg erschienen. Jüngere Schriftsteller wie Alan Duff und John Broughton (trotz englischer Namen sind beide Maori) gehören bereits zur zweiten Generation dieser modernen Maori; sie halten die Werke ihrer Vorgänger für sentimental. Schonungslos legen sie Verzweiflung und Elend von Maori-Slum-Bewohnern offen und sind nicht bereit, die Kompromisse früherer Schriftsteller, ob Maori oder Europäer, einzugehen. Vielleicht wird man auch ihre Werke einmal einseitig oder extrem nennen, aber sie und viele andere sorgen dafür, daß die inzwischen vielfältige neuseeländische Literatur lebendig und zukunftsträchtig bleibt.

Ausblick

Wer sich ein akustisches Bild von Neuseeland machen möchte, der sollte sich die Musik von Douglas Lilburn anhören. Obwohl der Einfluß englischer Komponisten auf seine Werke deutlich zu erkennen ist, findet man in ihnen auch typische Elemente seines Heimatlandes: die Stimmen der Vögel, die Geräusche des Meeres, des Windes und der Flüsse. Auch als Freund und Berater jüngerer Musiker hat sich Lilburn verdient gemacht, und heute hört man im Rundfunk und in Konzertsälen häufig seine Werke und die seiner Schüler Jack Body, Ross Harris, Jenny McLeod und Kit Powell.

Jetzt, in den neunziger Jahren, ist die wirtschaftliche Lage Neuseelands keineswegs rosig. Arbeitslosigkeit, hohe Zinsen und der Abbau sozialer Leistungen lassen viele Wirtschaftszweige stagnieren und reduzieren das Angebot an Dienstleistungen, das man früher für selbstverständlich gehalten hat. Die Philosophie der «neuen Rechten», die sich politisch durchsetzt, verlangt von den Menschen, daß sie mehr Verantwortung übernehmen, und das ausgerechnet in einer Zeit, wo dies aufgrund von Wirtschaftskrisen schwieriger denn je ist. Manche haben Angst vor der Zukunft. Andere aber meinen, daß ein Land, das über so viele natürliche Vorzüge verfügt und eine Bevölkerung hat, die in einem regen Kulturleben Einfallsreichtum und Flexibilität beweist, auch in Zukunft vital und immer einen Besuch wert bleiben wird.

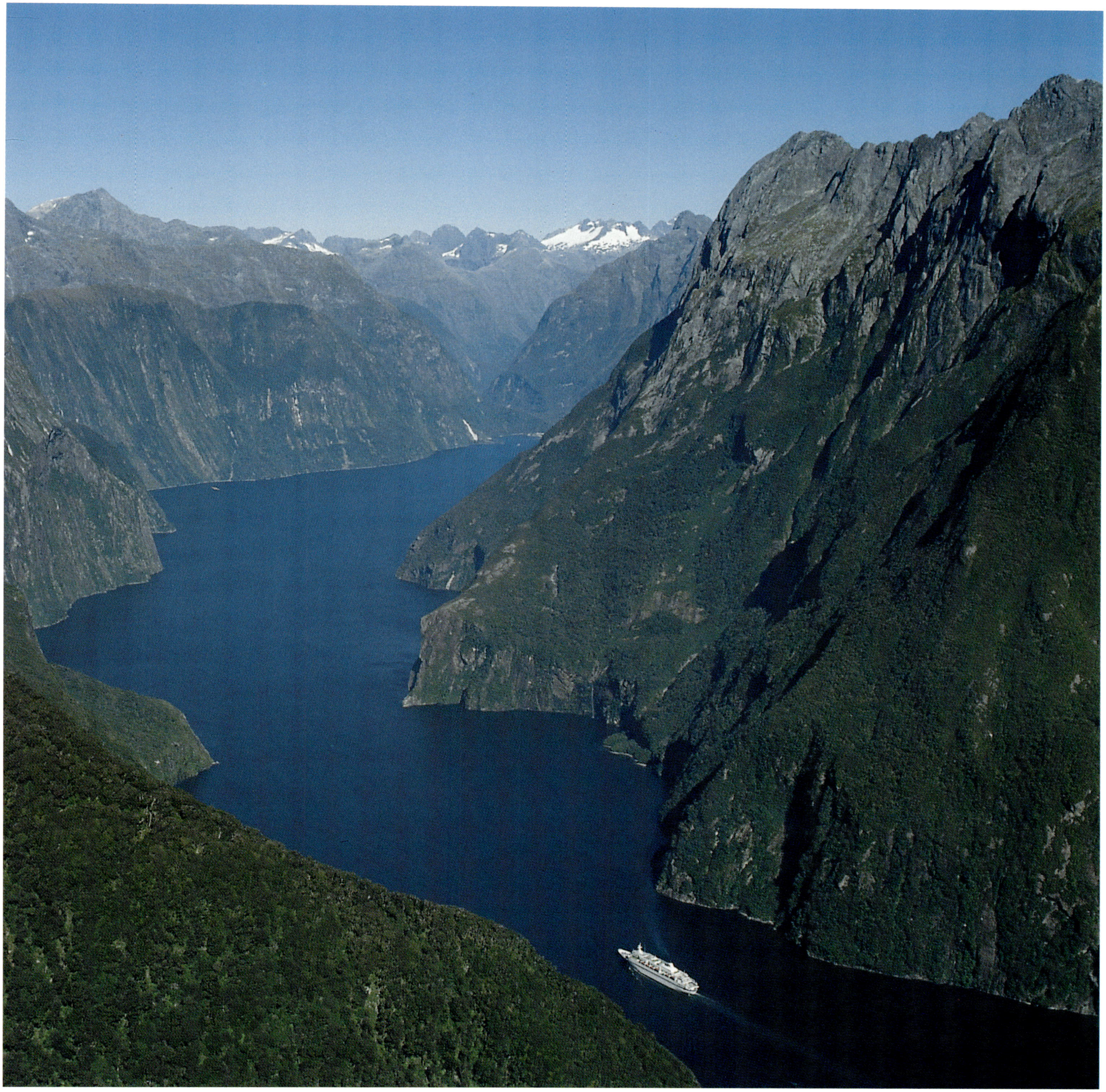

◁ MILFORD SOUND   *Der Milford Sound liegt in einem regenreichen Gebiet, in dem nur selten das Glück eines strahlend blauen Tages zu erleben ist. Im Vordergrund die «MS Vistafjord».*

MILFORD SOUND Ein wunderschöner Tag am Milford Sound. Die steilen Berge des Fjordlands, die ausnahmsweise nicht von einer Nebelwand verhüllt sind, spiegeln sich im klaren blauen Wasser des Fjords. Links der Bildmitte der Mitre Peak.

FJORDLAND
NATIONAL PARK

In der Eiszeit schnitten Gletscher steil abfallende Täler in das Gebiet des heutigen Fjordland-Nationalparks.

Hier bahnt sich der Eglinton River seinen Weg.

MOUNT COOK
NATIONAL PARK

Im gleichnamigen Nationalpark erhebt sich der Mount Cook (im Hintergrund links), Neuseelands höchster Berg. Die Maori haben ihm den treffenden Namen Aorangi gegeben: «Wolkenberührer».

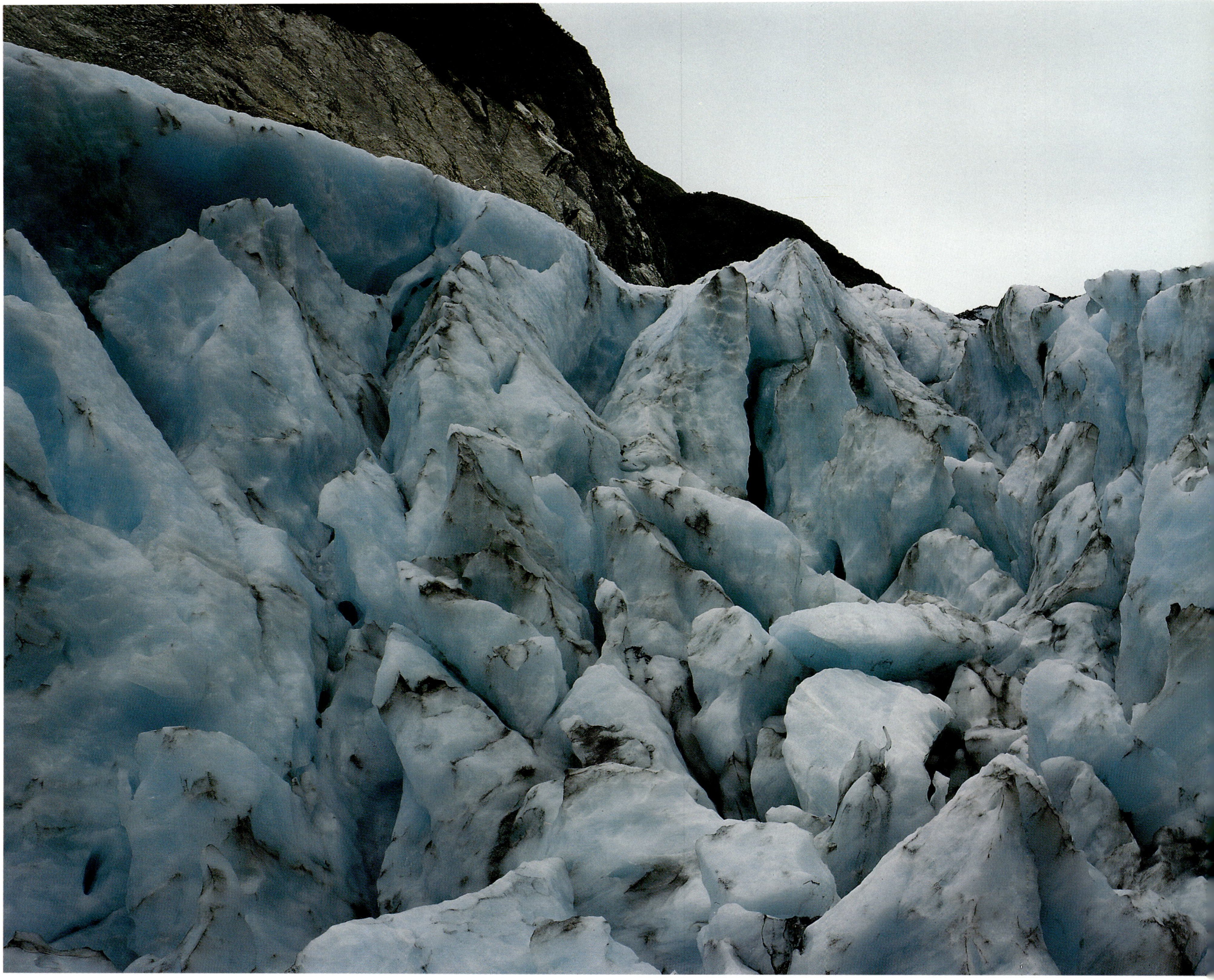

FOX-GLETSCHER Sechzig Gletscher umfaßt der Westland-Nationalpark. Der zweitgrößte ist der Fox Glacier (Bild), dessen Gletscherzunge sich über dreizehn Kilometer talwärts schiebt. Er hat tiefe Schluchten in die Felsen geschürft und mächtige Seitenmoränen aufgeworfen.

WESTLAND
NATIONAL PARK

Wolkenverhangen ist die Gletscherwelt des Westland National Park, der als «World Heritage» besonderen Schutz genießt. Das Foto wurde oberhalb des Fox-Gletschers aufgenommen.

FRANZ-JOSEF-GLETSCHER *Der Franz-Josef-Gletscher, von dem deutschen Forscher Julius von Haast nach dem damaligen österreichischen Kaiser benannt, kann unter Führung bestiegen werden.* *Forschungen haben ergeben, daß die neuseeländischen Gletscher sich etwa anderthalb Meter pro Tag vorwärts bewegen.*

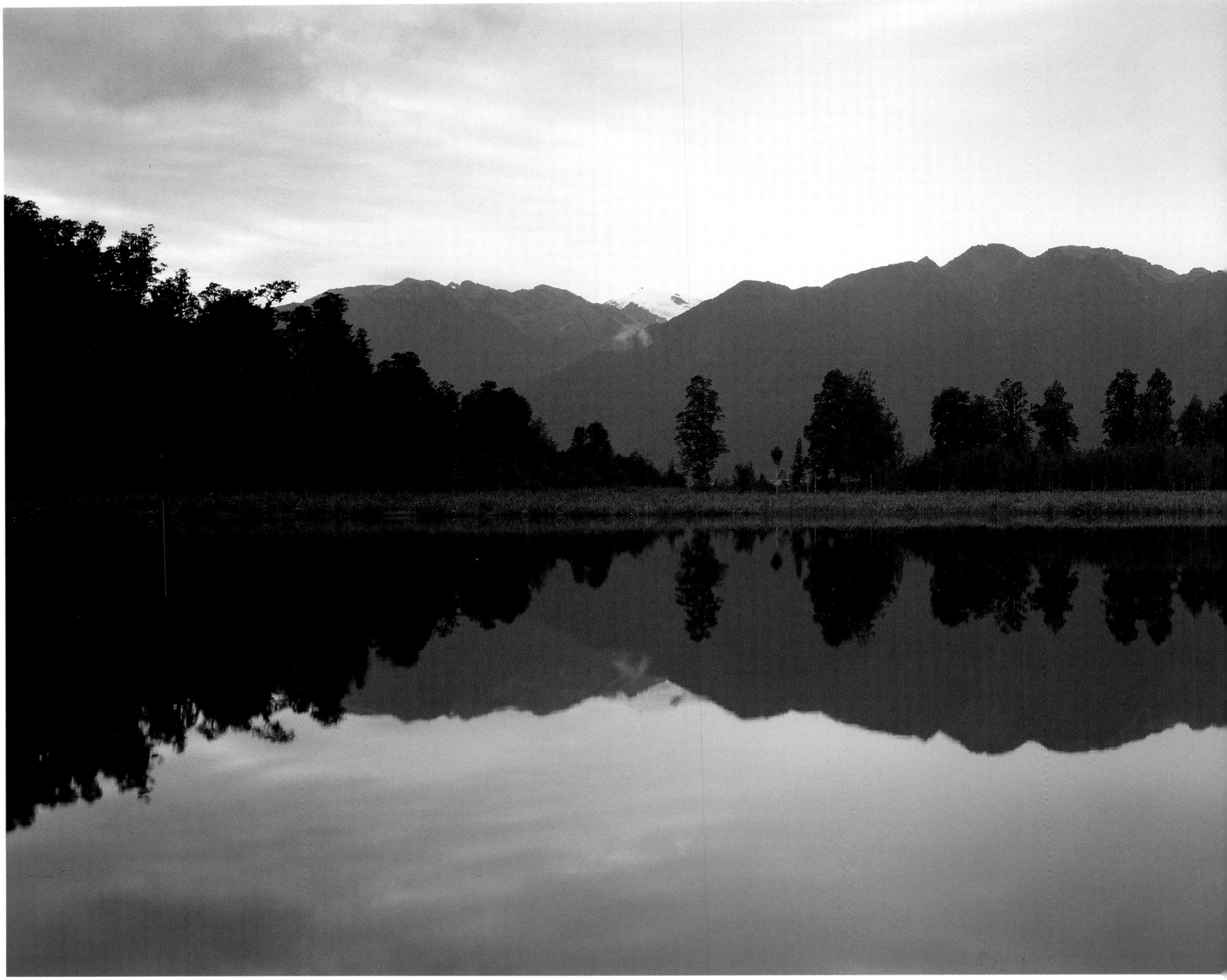

LAKE MATHESON *Auf der glatten Oberfläche des Lake Matheson im Westland-Nationalpark spiegeln sich die umliegenden Berge, am schönsten frühmorgens zwischen sechs und acht Uhr. Von hier kann man zu herrlichen Wanderungen aufbrechen, die zu grandiosen Aussichtspunkten führen.*

MOUNT COOK NATIONAL PARK *Der Mount Cook National Park umfaßt neben Neuseelands höchstem Berg vierzehn weitere Dreitausender und den 29 Kilometer langen Tasman-Gletscher.*

LAKE BENMORE   *Am Lake Benmore wurde 1958 ein Staudamm gebaut und die Arbeitersiedlung Otematata gegründet, die Ausgangspunkt für reizvolle Motorbootfahrten ist.*

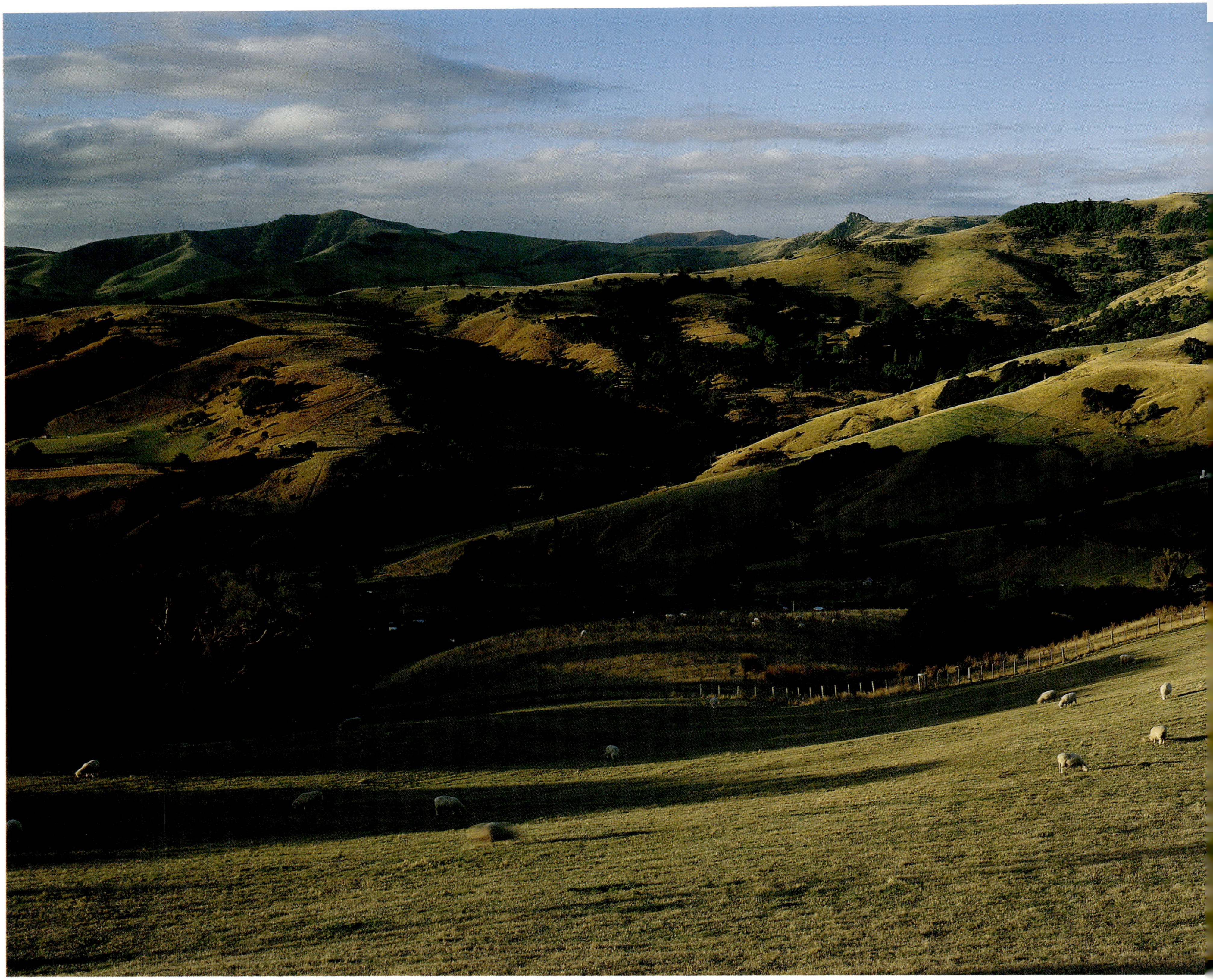

BANKS PENINSULA *Die Banks-Halbinsel besteht aus zwei erloschenen Vulkanen, deren Kraterränder hohe Hügelketten bilden. In dieser lieblichen Gegend um Akaroa ließen sich 1840 französische Siedler nieder, die hier hervorragende Weideplätze für Schafherden vorfanden.*

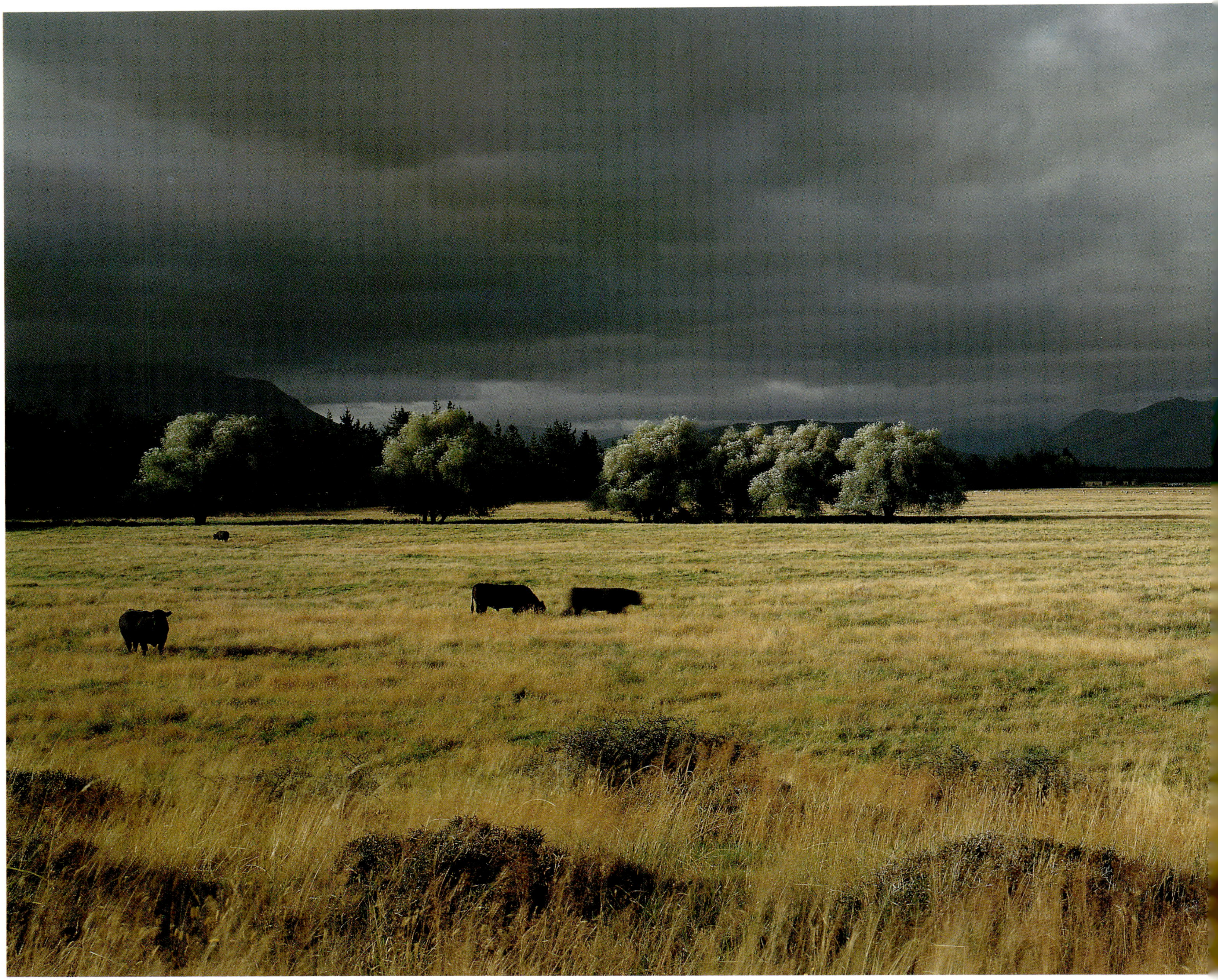

MOSSBURN   *Vor der bei Gewitterstimmung dramatisch anmutenden Kulisse der Eyre Mountains breitet sich flaches Weideland aus. Durch den das ganze Jahr über fallenden Regen stehen den Farmern von Mossburn immergrüne Weiden für ihre Rinder- und Schafherden zur Verfügung.*

TE ANAU *Te Anau ist das Tor zum Fjordland. Abgeschieden vor dem Bergmassiv der Franklin Mountains liegend, profitiert diese Gegend landeinwärts von den fruchtbaren Weiden des Southland und …*

MANAPOURI … bietet wie das nahe Manapouri ideale Bedingungen für Schaf- und Rinderfarmen. Im Hintergrund die Kepler Mountains.

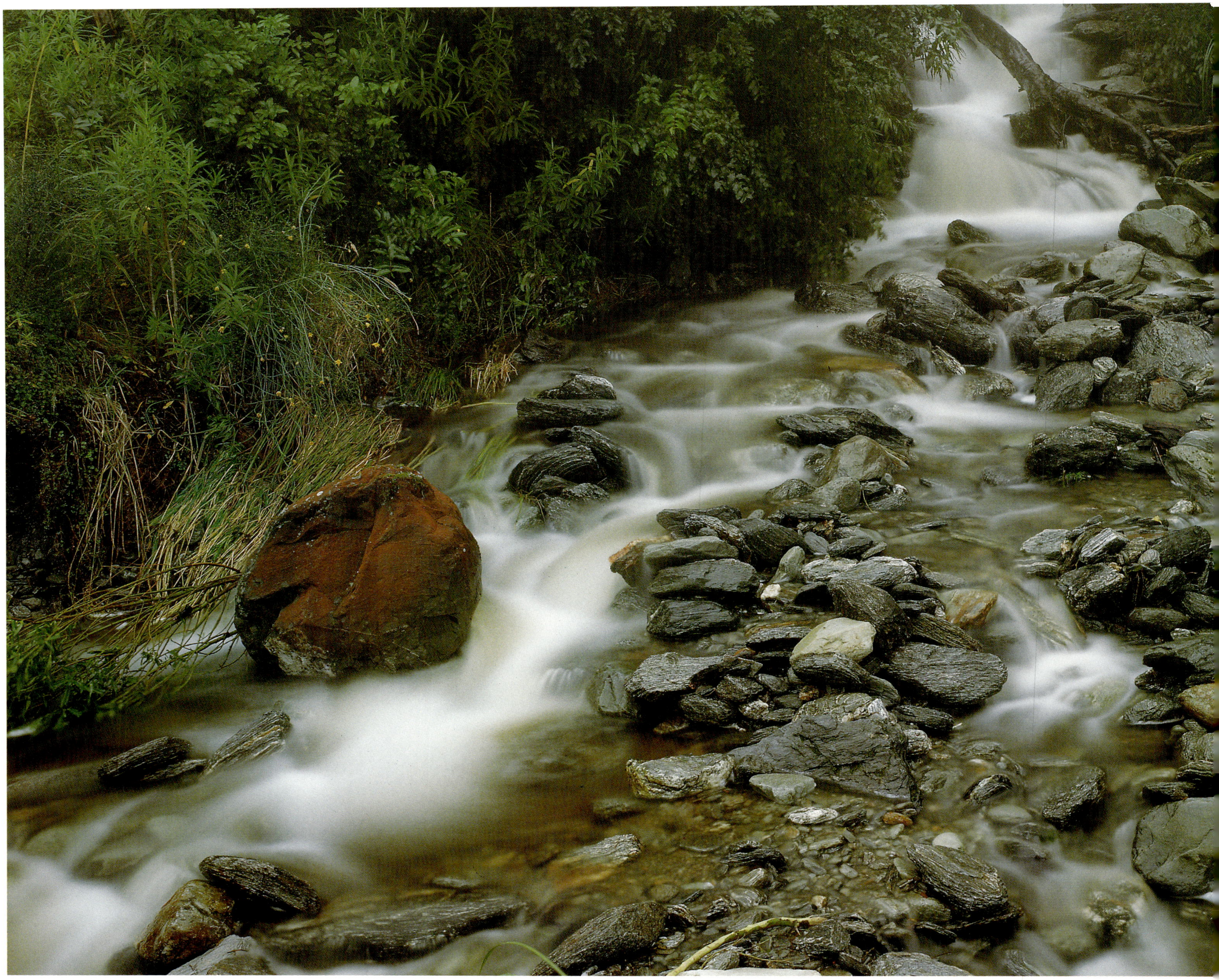

BEIM FRANZ-JOSEF-GLETSCHER *Schnellfließende Gebirgsbäche und sattes Grün am Fuße des Franz-Josef-Gletschers werden vom häufigen Regen gespeist, der, wie Kenner der Südinsel versichern, überwiegend nachts fällt.*

REGENWALD *Ohne den oft beklagten Regen wäre das üppige Gedeihen des pflanzlichen Artenreichtums im Regenwald am Franz-Josef-Gletscher nicht denkbar. Diese wirtschaftlich wenig entwickelte Region an der Westküste der Südinsel soll als ein Stück jahrtausendealter intakter Natur erhalten werden.*

Ebenso interessant wie die vielen verschiedenen Großpflanzen des neuseeländischen Buschs sind die Moose, Flechten und Gräser. – Bemooste Steine in der Nähe des Franz-Josef-Gletschers.

BEIM FRANZ-JOSEF-GLETSCHER ▷

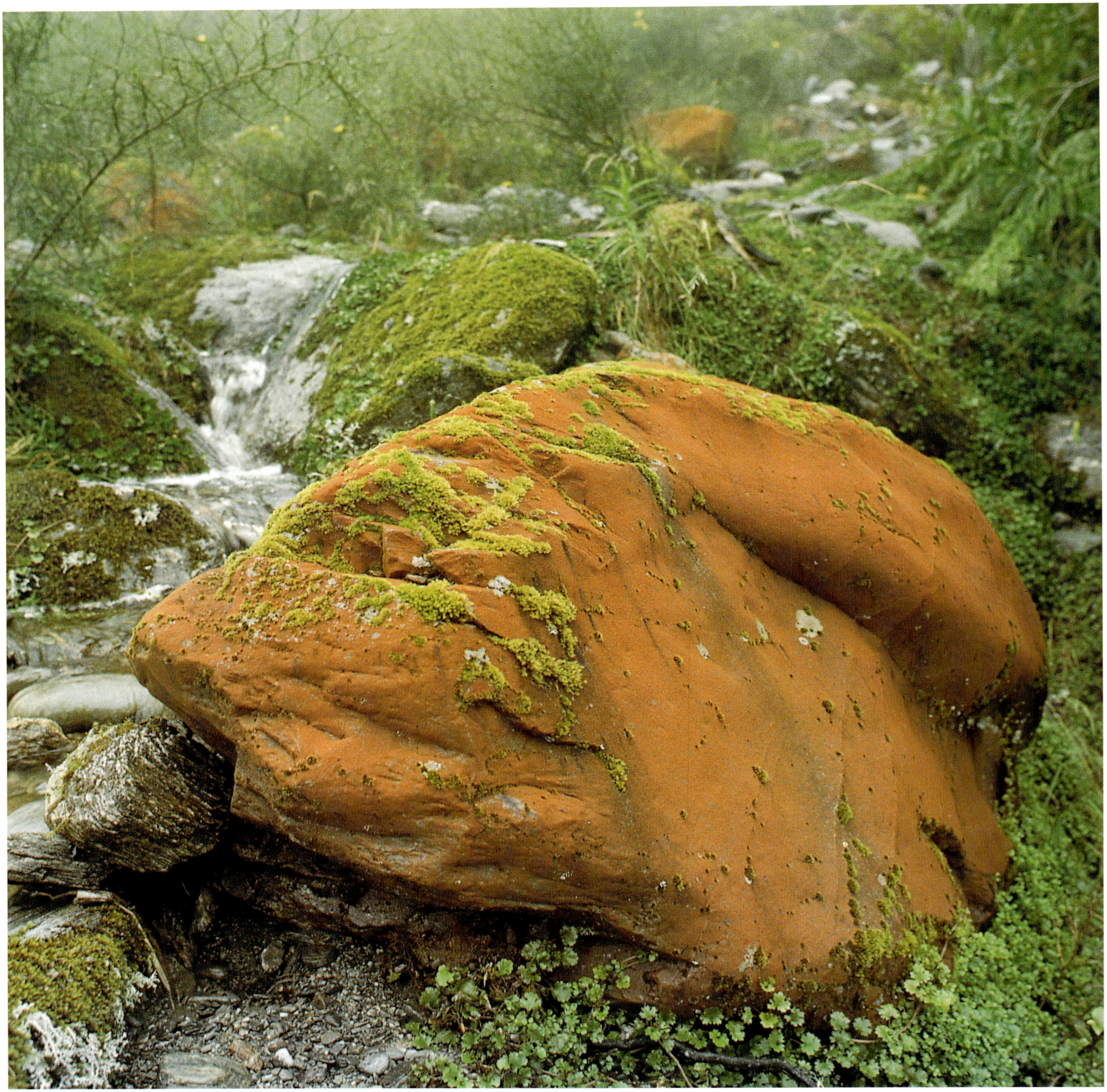

Hildesuse Gaertner
GEOGRAPHIE · GESCHICHTE · KULTUR
Ein Glossar

Neuseeland – eine Topographie in Stichworten

Vor rund 250 Millionen Jahren begann der riesige Südkontinent, den die Geologen Gondwanaland nennen und der sich im Vergleich mit dem heutigen Weltbild von Südamerika über Afrika bis zum Ostrand Australiens erstreckte, auseinanderzubrechen. Während die einzelnen Bruchstücke voneinander fortdrifteten, um sich zu neuen Kontinentalblöcken zusammenzufügen, blieben einzelne Teile des zerbröckelnden Ostrands zurück: ein Archipel am Pazifischen Westschelf, zweitausend Kilometer von Australien, viermal so weit von Chile entfernt. Hebung und Senkung, Überflutung, Eiszeiten und Vulkanismus gaben ihm seine heutige Gestalt: zwei große Inseln, eine kleinere und viele kleine Eilande. Die Hauptinseln haben einen an einen Stiefel erinnernden Umriß, der an der «Wade» durch eine Wasserstraße (Cook Street) unterbrochen ist.

Neuseeland ist ein britischer Staat mit holländischem Namen, 268000 Quadratkilometer groß, mit dreieinhalb Millionen Einwohnern.

Die Nordinsel ist vom Vulkanismus geprägt. Drei aktive Feuerberge erheben sich im Zentrum: der Ruapehu (2797 Meter), der Tongariro (1968 Meter) und der Ngauruahoe (2291 Meter). Ein vierter Vulkan, «White Island», dampft wie ein siedender Kessel vor der Küste der Bay of Plenty im Nordosten. Ein fünfter, der formvollendete Mount Egmont oder Taranaki, bildet die Westbastion der drachenförmigen Nordinsel. Auch der große Lake Taupo im Herzen der Insel ist ein ehemaliger Krater. Die thermisch aktive Zone schließt sich nördlich an, wo Geysire, blubbernde Schlammtümpel, siedende Seen und dampfende Schlünde der Landschaft ein dämonisches Aussehen geben. Überall in Neuseeland finden sich heiße Quellen.

Über die langgestreckte Südinsel zieht sich ein felsiges Rückgrat, die bis zu 4000 Meter emporsteigende Alpenkette, die sich wie eine Mauer vor dem regenbringenden Westwind aufbaut. Gletscher stürzen zwanzig bis dreißig Kilometer talwärts, bis in den wuchernden Urwald der Westküstenregion. Steilwandige Fjorde, von eiszeitlichen Gletschern ausgeschürft, begrenzen die Südwestküste.

Östlich der Alpen schließt sich eine Kette malerischer Bergseen an; im Windschatten der Berge erstrecken sich weite steppenartige, baumlose Weidegebiete, die sich langsam zur Ostküste neigen; träge Flüsse, in zahlreiche Rinnsale zerteilt, transportieren Geröll ihrer Mündung entgegen. Auf der Südinsel finden sich nur Reste erloschener Vulkane und wenige Thermen.

Die im rauhen Klima der «Roaring Forties», der stürmischen Gebiete um den vierzigsten Breitengrad, gelegene Stewart-Insel im Süden Neuseelands besteht aus bis zu tausend Meter hohen Granitbergen. Sie ist von malerischen Buchten umgeben und von wucherndem Busch bedeckt.

Durch die Südinsel verläuft der 45. Breitengrad Süd; Neuseeland liegt also genau in der Mitte zwischen Äquator und Südpol. Das Klima reicht vom subtropischen im Norden bis zum gemäßigten im Süden, vom extrem feuchten im Westen bis zum ariden im Osten und in einigen zentral gelegenen Regionen der Südinsel.

An der Erforschung des Landes waren auch deutsche Naturwissenschaftler beteiligt: der Gießener Ernst von Dieffenbach, der Bonner Julius von Haast und der Eßlinger Ferdinand von Hochstetter, der Neuseeland vor hundertdreißig Jahren bereiste. Ihre Namen finden sich auf der neuseeländischen Landkarte.

Flora und Fauna

Neuseelands Flora und Fauna sind grundverschieden von jeder anderen Pflanzenwelt, denn hier konnten sich uralte Tier- und Pflanzenarten erhalten. 85 Prozent der Flora und Fauna sind endemisch, das heißt sie kommen nur in dieser Inselwelt vor. Im Nordosten (Kawerau) und bei Nelson auf der Südinsel gibt es zwar vom Menschen gepflanzte große Forste mit eingeführten Baumarten für die Holzwirtschaft, aber der größte Teil Neuseelands ist noch von ursprünglichem «Busch» bedeckt. Neuseelands Vegetation hat viele Gesichter, vom Regenwald bis zur Trockensteppe, von Pflanzen subtropischen Klimas bis zu solchen subarktischer Zonen.

Der Busch ist ein Erlebnis, hier wachsen Buchen und Cordylinen (Liliengewächse), Myrtaceen und Araukarien, Fuchsien und Compositen und auch die ungewöhnliche Nikaupalme. Die Namen der Bäume und Büsche wurden von den Maori übernommen, es sind klangvolle Bezeichnungen wie Rimu und Rata, Pohutekawa, Manuka oder Kowhai. Flechten, Moose, Parasiten und Epiphyten wuchern an den Baumstämmen und Ästen, weiße Clematis und rote Mistel leuchten an den Zweigen. In den Alpentälern blühen Ranunkeln, Edelweiß- und Enzianarten; Lupine und Ginster wurden eingeführt, sie wuchern enorm und wachsen in vielen Tälern. Das Trockengebiet im Osten der Berge ist dagegen von goldgelbem Tussockgras bedeckt, einem struppigen Gewächs.

Noch ungewöhnlicher ist die Tierwelt. Ursprünglich fehlten die Säugetiere (von einer kleinen Fledermausart abgesehen), es regierten die Vögel. Eine riesengroße flügellose Straußenart, der heute ausgestorbene Moa, stelzte über die Steppen; Rallen und Papageien, Kakadus und Sittiche, Reiher und

Tauben, Käuzchen und Sturmvögel, Entenarten und viele andere gefiederte Lebewesen gibt es hier zu entdecken. Neuseelands Wappenvogel, der Kiwi, ist ein hühnergroßer Schnepfenstrauß mit langem, dünnem Schnabel, mit dem er bei seinen nächtlichen Beutezügen im Erdreich stochert. Das ungewöhnlichste Tier Neuseelands ist die Brückenechse, ein Nachkomme der Saurier, der nur noch auf einigen vorgelagerten Inseln zu finden ist.

Die Einführung fremder Tiere und Pflanzen hat der Natur Neuseelands großen Schaden zugefügt und ihr Gleichgewicht empfindlich gestört. Einheimische Tier- und Pflanzenarten wurden verdrängt und ausgerottet. In Neuseeland bemüht man sich heute sehr, die verbliebene Natur zu erhalten; es gibt zahlreiche Nationalparks und Forstparks, wo Tiere und Pflanzen unter striktem Schutz stehen. Viele Reservate und Inseln sind gefährdeten Tierarten vorbehalten. Über geschützte Pflanzen geben alle Informationsbüros Auskunft.

Links: Geschnitzte Masken der Maori sind im Maori Centre in Christchurch zu besichtigen.
Mitte: Ein «Hei-tiki» (Brustschmuck der Maori-Frauen) vom Ende des 18. Jahrhunderts im Berliner Museum für Völkerkunde.
Rechts: Galionsfigur in Form eines Kriegers an einem Maori-Kanu im Hafen von Wellington.

Maori – die Eingeborenen von Neuseeland

Der Passatwind trieb das große Auslegerboot mit dem riesigen geflochtenen Dreieckssegel stetig vorwärts. Zweitausend Meilen hatten die Reisenden schon zurückgelegt, seitdem sie ihre Heimat in Raiatea (auf den Gesellschaftsinseln) verlassen hatten. Das Wetter war rauher geworden, der Wind schärfer, die Vorräte an Kokosnüssen und Früchten gingen zur Neige. Aber schon kündigte eine große, sich auftürmende Kumuluswolke ihr Ziel an: Aotearoa, das Land der großen weißen Wolke. Es war um das Jahr 1150. Schon vor neun Generationen hatte einer ihrer Häuptlinge namens Kupe das Land entdeckt, das von dichten Wäldern bedeckt und von großen Vögeln bewohnt war.

Die Seefahrer gehörten zu der von den Ethnologen als Polynesier bezeichneten Völkergruppe, sie waren das größte Seefahrervolk der Menschheit. Jahrhunderte ehe die Europäer den Stillen Ozean fanden, durchpflügten sie mit ihren Katamaranen dieses riesige Meer und legten große Entfernungen zurück, entdeckten und besiedelten zahlreiche Inseln zwischen Hawaii, der Osterinsel und Neuseeland.

Neuseelands Inseln sind die größten, die die Polynesier besiedelten, und die einzigen außerhalb der Tropen. Hier fanden die Leute aus Raiatea bereits andere Bewohner vor, kleinere und dunkelhäutigere Menschen mit krausem Haar – Melanesier oder Polynesier mit melanesischem Einschlag. Sie konnten sich verständigen, und so erfuhren die Landenden, daß auch diese Bewohner schon eine Urbevölkerung angetroffen und verdrängt hatten, wie nun sie selbst von den Neuankömmlingen verdrängt, absorbiert oder vernichtet wurden, zumal die Leute aus Raiatea, die Maori, Verstärkung aus der Heimat bekamen. Die letzte große «Flotte» von den Gesellschaftsinseln erreichte Aotearoa um 1350.

Die meisten Maori siedelten sich auf der wärmeren Nordinsel an, wo viele der von ihnen mitgebrachten Pflanzen gediehen: Yamswurzeln, Taro, Kürbisse und Süßkartoffeln (Kumara). Der Anbau von Nutzpflanzen war nur eine ihrer Lebensgrundlagen; sie waren auch Sammler, Jäger und Fischer. Die Speisen wurden im Erdofen zwischen heißen Steinen oder in kochenden Quellen gegart.

Die Maori lebten in Stammesgemeinschaften in drei Klassen: An der Spitze des Stammes standen die Ariki (Adlige), zu denen die Rangatira (Häuptlinge) und die Tohungas (Medizinmänner) gehörten. Die Häuptlingswürde wurde vererbt, konnte aber auch jedem anderen männlichen Stammesmitglied zukommen, das sich als hervorragender Krieger oder Redner erwies. Der Tohunga war ein wichtiger Mann: der Bewahrer der Zeremonien und Überlieferungen, Arzt, Feldbauexperte, Zauberer. Viele verstanden sich auf Hypnose und Telepathie. Ariki und Tohungas waren von Mana, einer göttlichen Aura, umgeben. Auf einigen Häuptlingen lag ein Tapu, das selbst den Boden, den sie betraten, heilig machte. Tapus – von den Göttern gegebene Vorschriften – bestimmten das Leben, sie wurden strikt beachtet. Jede zum Stamm gehörige Familie wurde durch ein Mitglied bei gemeinsamen Beratungen vertreten. Das einfache Volk, die Schnitzer, Bauern, Fischer und Krieger, war höher gestellt als die Sklaven, die Gefangenen von Stammeskriegen.

Die Maori glaubten an Götter verschiedener Rangordnung und Bestimmung, denen Opfer gebracht wurden – auch Menschenopfer. Sie waren Krieger, ihre Knaben wurden früh zu Kämpfern erzogen. Sie handhaben ihre Keulen und Speere meisterhaft. Erschlagene Feinde wurden verzehrt, einerseits, um sie und ihre Sippe zu demütigen, andererseits, um ihre Kraft und ihren Mut zu erlangen. Es gab einen strikten Ehrenkodex. Wurde die Stammesehre verletzt, forderte das Utu (Rache) heraus.

Ihre Dörfer waren Festungen, bestimmte Häuser dienten zum Schlafen, andere zum Essen oder zur Vorratshaltung. Das Stammeshaus war reich mit Schnitzwerk verziert, das Ahnen und Götter darstellte, wie auch ihre Kanus wunderbar geschnitzte Kunstwerke waren.

Ihre Tänze – Teil zeremonieller Riten, die viele ihrer Tätigkeiten begleiteten – sind eindrucksvoll. Der Haka, einst ein aufreizender und den Feind in Angst und Schrecken versetzender Kriegstanz, wurde (etwas verändert) von neuseeländischen Sportmannschaften übernommen. Das neuseeländische Rugby-Team tanzt ihn vor dem Wettkampf. Die Musik der Maori kennen wir nicht mehr, denn dieses musikalische Volk hat rasch die Melodien der Pakeha (Europäer) übernommen. Die Maori haben einige der größten Sängerinnen der Welt hervorgebracht, wie die Sopranistin Kiri Te Kanawa.

Krankheiten, die die Weißen eingeschleppt hatten, Kriege und Resignation brachten die Maori vor hundert Jahren an den Rand des Aussterbens. Lebten zu Kapitän Cooks Zeiten schätzungsweise 250 000 Maori auf den Inseln, so waren es um 1850 kaum noch 60 000. Moderne Hygiene und Medizin, gesetzliche und soziale Hilfen brachten Besserung, die Zahl der braunen Kinder des Landes begann wieder zu wachsen. Heute zählt man rund 280 000 Maori und Mischlinge in Neuseeland. Durch zahlreiche Gesetze und Institutionen wurden die völlige Gleichstellung der Maori und ihre Anpassung an die Welt der Weißen gefördert. Die Pakeha waren bereit, die Maori zu integrieren, was diese allerdings mit dem Verlust ihrer eigenen Kultur bezahlten.

Der Schritt von der Stammesgemeinschaft in die Individualität der modernen europäischen Zivilisation war kein leichter, der Preis war Orientierungslosigkeit. Viele junge Maori verließen, angezogen von den großen Städten, die Geborgenheit ihrer Familien, fühlten sich den anderen Wertvorstellungen der Städter jedoch nicht gewachsen; die beruflichen Chancen entsprachen nicht ihren Erwartungen, und die Wohnverhältnisse waren schlecht.

In den vergangenen Jahrzehnten haben die Maori ihre Resignation abgelegt und begonnen, sich auf sich selbst zu besinnen; sie haben den Stolz auf ihre eigene Kultur neu belebt. Heute wird in Kindergärten, Kindersprachschulen (Kohanga Reo genannt), Schulen und Universitäten die klangvolle Sprache der Maori gelehrt. In vielen Orten wurden Maori-Tangas eingerichtet, multikulturelle Begegnungsstätten, wo Pakeha und Maori die Geschichte und die Mythen, die Legenden und Lieder, die Genealogie, die Musik und die Tänze der Maori er- und beleben, wo beide sich um gegenseitiges Verständnis bemühen und sich dafür engagieren, die Kultur der Eingeborenen zu erhalten.

Städte und Landschaften

NORDINSEL

Auckland Auckland ist Neuseelands größte Stadt mit über 800 000 Einwohnern, hier lebt ein Viertel der Neuseeländer, hier ist ein Drittel der Industrie des Landes angesiedelt. Die Stadt liegt auf einem Isthmus zwischen zwei Häfen, dem an der Tasmansee im Westen und dem am Pazifischen Ozean im Osten. Die See ist hier allgegenwärtig; über 80 000 Segelboote schaukeln wie eine Woge von Masten in den Yachthäfen, wie große Falter bewegen sie sich am Wochenende über die Bucht. Die Stadt scheint auf einem Eierbrett angelegt zu sein: Mehr als sechzig vor Jahrtausenden erloschene Kleinvulkane ragen in die Höhe. Der jüngste ist der seit 750 Jahren ruhende Rangitoto, eine formvollendete Vulkaninsel vor dem Waimatea-Hafen.

In den hübschen Vororten stehen Tausende von luftigen Häusern, jedes von Grün umgeben – so leben die Neuseeländer am liebsten, nicht in Etagenwohnungen und Hochhäusern. Kein Wunder, daß sich Auckland weit ausdehnt und der Fläche nach eine der größten Städte der Welt ist.

Schnell ist man hineingezogen in das bunte Leben von Downtown Auckland; die geschäftige Metropole (die einzige Stadt Neusee-

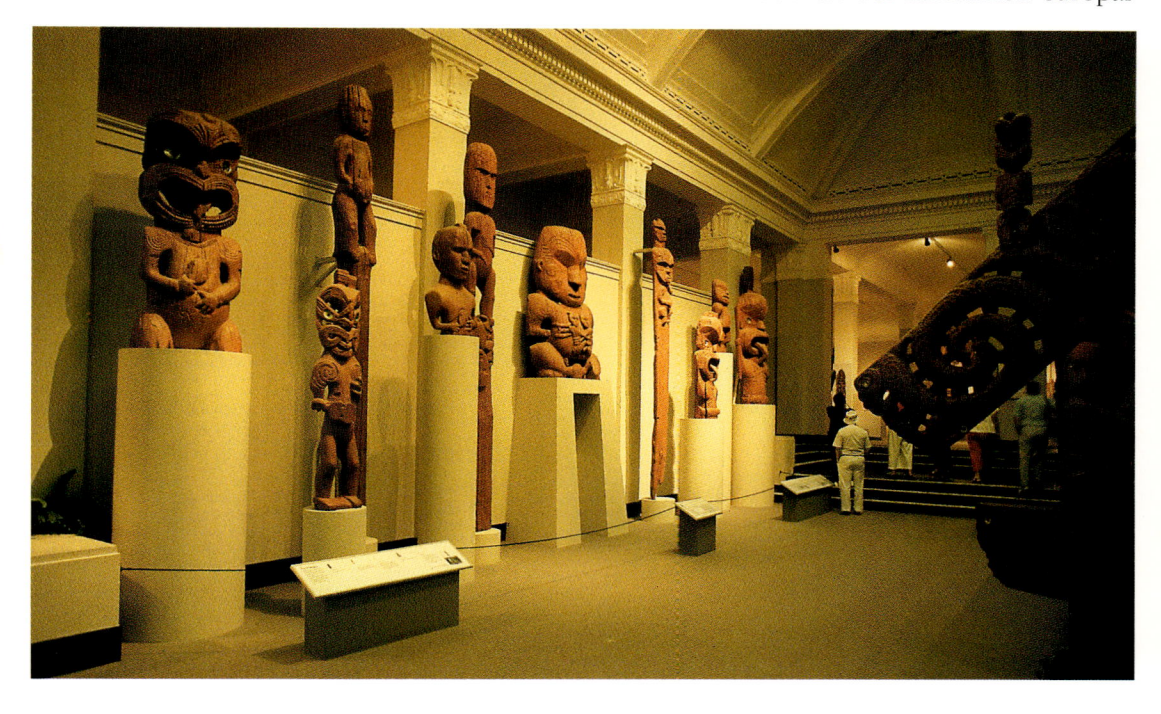

Links und rechts: Das Nationalmuseum von Auckland verfügt über die bedeutendste Sammlung von Maori-Schnitzkunst der Welt und zeigt eine didaktisch gut aufbereitete ethnographische Ausstellung zur Maori-Kultur.

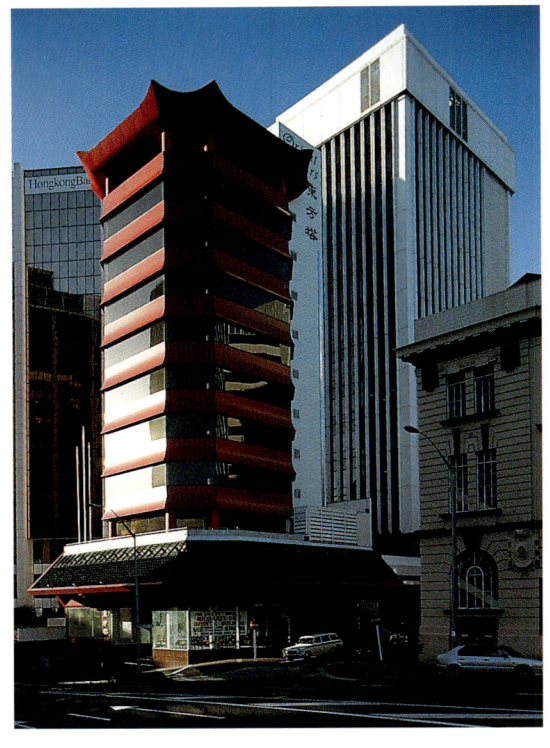

In Auckland hat man neugotische und viktorianische Bauten sorgfältig erhalten, mit neuer Architektur harmonisch verbunden und mit modernen Hochhauskonstruktionen in Glas und Beton kontrastiert, so daß sich das Wachsen einer Großstadt im urbanen Gefüge abbildet.

lands, die diese Bezeichnung verdient) lockt mit ihrem kosmopolitischen Flair. Zwischen den ehrwürdigen viktorianischen Gebäuden mit ihren im Zickzack angeordneten Feuertreppen drängen sich moderne Paläste, Warenhäuser, Banken, Hotels, Theater, elegante Geschäfte, dann wieder öffnen sich Plätze und Parks mit blühenden Hibiskushecken. Auf den Fußsteigen laufen Passanten in luftiger Kleidung, Kinder in Schuluniform, eine Schar junger Maori in bunten T-Shirts, japanische Touristen, die die Blumenstände und Straßenmusikanten der Queen Street fotografieren. Neben dem neuseeländischen Englisch hört man australisches und amerikanisches, außerdem Deutsch, Italienisch und Französisch.

Ebenso international ist die Auswahl an Restaurants, es gibt in Auckland holländische, italienische, libanesische, chinesische, japanische, chilenische, indonesische und mexikanische Gaststätten. Oder man begnügt sich mit «Fish and Chips».

Auckland wächst nach allen Seiten. Auch ältere Stadtteile werden restauriert, zum Beispiel Parnell, wo verrottende Häuserreihen durch reizvolle alt(neu)englische ersetzt wurden: Es gibt kleine Läden mit Butzenscheiben, Holzbrücken über Blumenrabatten, blankgeputzte Messingtürgriffe – wie in England.

Aber da ist auch das andere Auckland: Auckland als Tor zur Südsee – oder als Tor der Südsee zur westlichen Zivilisation. In der «K Street» (Karangahape Street) gibt es alles zu kaufen, was die Südsee bietet: Muscheln und Palmöl, Kokosnüsse und Yamswurzeln, Lavavas (samoanische Wickelröcke) und Mumus (Hängekleider aus Hawaii), Tapa (tonganische Flechtmatten), Baumrindenstoff von den Cook-Inseln.

Die Insulaner aus dem benachbarten pazifischen Raum strömen nach Auckland, um hier Ausbildungs- und Arbeitsplätze zu finden. Rund 150 000 Polynesier leben in der Stadt. Die Insulaner, meist kinderreiche Familien, drängen sich in bestimmten Vororten auf engstem Raum mit den Maori und den Pakeha-Hippies zusammen, was zu gelegentlichen Unruhen führt.

Der Aufstieg zu einem der Vulkanhügel, dem *Mount Eden* oder dem *Mount One Tree Hill*, ist ein eindrucksvoller Spaziergang. Ein paar Schafe grasen dort, wo deutlich die Terrassen ehemaliger Maori-Pas zu erkennen sind. Die meisten wurden bereits verlassen, ehe Auckland entstand, als Folge heftiger Stammeskriege. Hier oben bietet sich ein schöner Blick auf die Stadt und auf den Hafen, über den sich die achtspurige Hafenbrücke spannt, die die Verbindung zum Nordufer herstellt; aber auch auf die weite Bucht mit ihren vielen Inseln und auf das in der untergehenden Sonne zur Silhouette gewordene Dreieck des Rangitoto. Auckland ist ein schönes Eingangstor für eine Reise durch Neuseeland. (Siehe auch Seite 83 ff.)

Bay of Islands Diese wunderschöne Bucht greift tief ins Land. Sie ist mit rund einhundertfünfzig Inseln gesprenkelt, eine Collage aus Buchten, Küsten, grünen Eilanden und malerischen Hafenstädtchen. Kapitän Cook gab der Bucht ihren passenden Namen. Die meisten Orte behielten ihre alten Maori-Namen: Kerikeri, Opua, Waitangi.

Die Umgebung der Bay of Islands ist eine historisch bedeutsame Gegend. Kupe, der polynesische Seefahrer, soll hier schon im 10. Jahrhundert gelandet sein. Seiner Route folgte später die «Flotte». Hier ließen sich die ersten Europäer nieder. Bei Russell lag die wilde Walfängerstation Karorareka, das «Höllenloch des Pazifik». Hier begannen die Missionare ihre Arbeit. Die erste Kirche, das erste Steinhaus wurden hier gebaut, der erste Pflug berührte hier Neuseelands Boden.

Bay of Plenty, Bay of Poverty, Hawke's Bay
An der nördlichen Küste des Ostteils der Insel erstreckt sich eine herrliche, weitgeschwungene Bucht, die der Nordseite, der Sonnenseite auf der Südhalbkugel, zugewandt ist: die Bay of Plenty. (Kapitän Cook taufte sie so, denn endlich konnte er hier Frischwasser und Proviant aufnehmen, was ihm in der im Südosten gelegenen Bucht nicht gelang, darum heißt diese bis heute Bay of Poverty, Armutsbucht.)

Im Wechselspiel von Natur und Kultur liegt vielleicht der größte Reiz einer Reise durch Neuseeland: Die Bay Bridge, eine Stahlbrücke in Auckland, als Sinnbild des industrialisierten Neuseeland (links oben); die älteste Kirche Neuseelands, eine kleine Pfarrkirche mit Friedhof in Russell, als Dokument der Siedlungsgeschichte (links unten); der Hot Water Beach auf der Coromandel-Halbinsel als Beispiel für Neuseelands vielfältige Landschaften (rechts).

Links oben: Den nördlichsten Punkt der Nordinsel, Cape Reinga, kennzeichnet ein Leuchtturm. Links unten: Coromandel, die steil nach Norden weisende Halbinsel, weist typische Beispiele der Kolonialarchitektur auf. Rechts: Die Bay of Islands bei Russell, eine Bucht mit etwa hundertfünfzig Inseln, ist das beliebteste Urlaubsziel der Neuseeländer.

Zwischen der Bay of Plenty im Norden, der Hawke's Bay im Osten und der Bay of Poverty im Südosten schiebt sich die Ostküste wie ein Keil in den Pazifik.

Man fährt hier nicht nur durch Pflanzungen, sondern auch durch Wald, einen ganz «europäischen» Wald – er ist einer der größten von Menschen gepflanzten Wälder Neuseelands. Pinus radiata, eine eingeführte Kiefernart, die von Natur aus in dieser Region nicht heimisch ist, bedeckt riesige Gebiete und wird hier gezogen, um den neuseeländischen Wald zu schonen. Hier wächst sie schneller als in Europa oder Amerika, kann daher schneller geschlagen werden und dient als Nutzholz. Dieses wird im nahen Kawerau in Sägewerken und Papierfabriken zu Bauholz und Zeitungspapier weiterverarbeitet.

Cape Kidnappers Der Weg nach Cape Kidnappers lohnt sich. Es ist nicht ganz einfach, dorthin zu gelangen, denn die große Vogelkolonie liegt auf einem Küstenfelsen, der nur bei Ebbe erreichbar ist. Hier brüten die Tölpel, große weiße Vögel mit riesigen gelbschwarzen Augen, auf einem mit dem Festland verbundenen Felsen. Sie ziehen sonst einsame Inseln vor. Der Felsen ist weiß von Vögeln, die sich durch Menschen nicht stören lassen. Sie legen jeweils nur ein Ei, das sie sorgsam bebrüten. Der Futterholer stürzt sich wie ein Pfeil vom Fels ins Wasser. Im April fliegen sie fort, und erst im Oktober kommen sie zurück, um ihre Brutplätze wieder einzunehmen.

Cape Reinga Das Nordende von Neuseeland, Cape Reinga, ist ein von struppigem Gras (Tussock) bedeckter, wie ein Schiffsbug ins Meer ragender Felsen, vor dem sich die Tasmansee mit dem Pazifischen Ozean vereint. Böiger Wind fegt um den soliden Leuchtturm. Nur ein schmaler Pfad führt in die Tiefe, vorbei an einem einsamen uralten Pohutekawa-Baum (eine rotblühende Myrtaceenart).

Es ist ein heiliger, ein geisterhafter Ort. Für die Maori war Cape Reinga das Tor zum Jenseits. Hier verließen die Seelen ihrer Toten Neuseeland, um zum mythischen Hawaiki zurückzukehren, dem Walhalla der Maori. Weit geht der Blick nach Norden, in die Südsee, wo Hawaiki liegen soll.

Coromandel-Halbinsel Die Halbinsel ist von herrlichen Buchten gesäumt und mit goldenem Sand bedeckt: mit Milliarden winziger rosa Muschelscherben. Coromandel ist wieder etwas in Vergessenheit geraten. Vor einem Jahrhundert erschallte hier die Axt der Holzfäller, und Digger rissen den Boden auf, denn hier ist die Erde mineralreich. Heute tummeln sich nur noch einige Surfer in der Brandung vor der Küste, sammeln Strandgutsucher kleine Stücke Jaspis, Onyx und Achat oder nehmen ein Bad in den am Strand entspringenden Thermen. Man kann ohne Angst im Freien schlafen, es gibt in Neuseeland keine

deco-Stil, ihr Gesamteindruck bietet ein gefälliges Bild.

Hawke's Bay Siehe Bay of Plenty.

King Country Die Westküste der Tasmansee ist das alte King Country, das Land des Maori-Königs, Zuflucht für die Maori in der Zeit der Aufstände. Hier sucht sich der große Fluß Waikato seinen Weg zum Meer.

Interessant sind die *Höhlen von Waitomo*; man kann tief in die Erde hinabsteigen und wunderbare Tropfsteingrotten durchwandern. Das eigentliche Ziel ist die Glühwürmchenhöhle, in die man mit einem Boot gelangt, lautlos über einen unterirdischen See. Die tiefe Dunkelheit wird erhellt von Tausenden von leuchtenden Punkten an Decke und Wänden der Höhle. Die Lichter leuchten an den Schwanzenden kleiner Mückenlarven, die, an den Fels geklammert, auf Beute warten. Kleine Insekten, die sich, dem Fluß folgend, in die Höhle verirren und dem Licht entgegenfliegen, bleiben an den Fangfäden, die wie Lametta von der Höhlendecke herabhängen, kleben und werden so erbeutet. Es ist ein wunderbares Bild, aber leicht zu stören, denn Lärm oder Blitzlicht lassen die Lichter erlöschen.

Marlborough Sounds Im großen Hafen von Wellington liegen die großen Schiffe, die Neuseeland mit der Welt verbinden und Güter transportieren. Im Personenverkehr hat längst das Flugzeug gesiegt, es fahren keine Passagierschiffe mehr. So war es nur konsequent, dem Meer das Land für den Bau des internationalen Flugplatzes abzugewinnen.

Die Fähre von Wellington landet in Picton auf der Südinsel, im *Pelorus Sound*, einem der zahlreichen Wasserarme der Marlborough Sounds, wo die Berge der Südinsel im Meer versinken. Die Marlborough Sounds bilden ein herrliches Mosaik aus Wasser und Land, aus Buchten und Inseln, Halbinseln und Kliffs. Maori, Kapitän Cook, Walfänger – sie alle haben hier ihre Spuren hinterlassen. In den Marlborough Sounds ist das Boot wichtiger als das Auto, auch der Postbote benutzt ein Motorboot, um zu den abgelegenen Farmen, den Fischern oder den Ferienhäusern, zu den Inseln und Inselchen zu gelangen. Einige von ihnen sind für menschliche Besucher gesperrt und als Schutzgebiete den Vögeln und der exotischen Brückenechse vorbehalten.

gefährlichen Tiere, keine Schlangen, keine Skorpione.

Gisborne In Gisborne, einst Landeplatz von Kapitän Cook, steht sein Denkmal, das ihn in Admiralsuniform zeigt, die er nie getragen hat. Hier ist jeder dritte Einwohner ein Maori, viel Land rundum befindet sich in ihrem Besitz. Gisborne ist eine kleine Stadt mit reizvoller Uferzone – ein Städtchen, wie es in Neuseeland viele gibt.

Hamilton Siehe Seite 85f.

Hastings und Napier An der Hawke's Bay liegen die Städte Hastings und Napier, die durch ein Erdbeben 1931 zerstört wurden. Eine Katastrophe, die sich durchaus wiederholen kann. Als man die beiden Städte neu aufbaute, bekamen sie ein anderes Gesicht, der Mode der dreißiger Jahre entsprechend. Ihre Architektur präsentiert sich heute stolz im Art-

Mount Egmont / Taranaki Der herrliche Vulkan Mount Egmont ist ein perfektes Fotomotiv. Der 2517 Meter hohe Vulkan bildet die Westbastion der Nordinsel. Er ist fast ebenmäßig geformt. Seit 360 Jahren ruht er, ist aber nicht erloschen. Sein Gipfel leuchtet weiß über dem grünen Kragen aus Regenwald, der seinen Fuß bedeckt. Sein Spiegelbild im Wasser des *Lake Mangamahoe* gleicht einem kostbaren japanischen Farbholzschnitt.

Für die Maori ist er ein verstoßenes Mitglied der Vulkanfamilie im Herzen der Insel. Irgendwann, so glauben sie, wird er dorthin zurückkehren. Hat er nicht auf seinem Fluchtweg zur Westküste das Bett des Wanganui-Flusses ausgeschürft? Dieser schönste Vulkan Neuseelands ist ein König, der sich gern in Wolken und Nebelschleier hüllt. Über dreißig Bäche laufen an seinen Flanken herab. Der Regen, der die Westküste verwöhnt, hat am Bergfuß einen märchenhaften, verfilzten

Napier, die größte Stadt an der Hawke's Bay, war bis zum großen Erdbeben von 1931 fast ganz von Wasser umgeben. Durch das Erdbeben wurde das Seebett von Erdmassen zugeschüttet und die Stadt weitgehend zerstört. Der Wiederaufbau geschah im Art-deco-Stil, wovon dieser Hauseingang zeugt (unten).

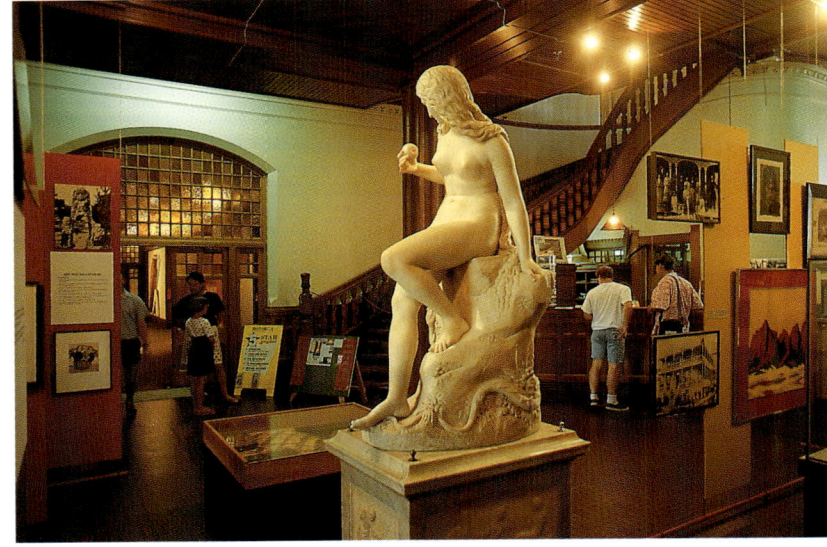

Das Gebiet um Rotorua ist geprägt von seinen schwefelhaltigen Thermalquellen. Das Badehaus (links und rechts oben) ist das Zentrum des Kurbetriebs. Maori-Tanzgruppen veranstalten für die Kurgäste und Touristen Shows mit ihren traditionellen Tänzen (rechts unten).

Busch entstehen lassen: knorrige Bäume, überwachsen von Moosen und Flechten, riesige Farnbäume und alles verbindende Lianen. Zwar war der Berg für die Maori Tapu – sie nennen ihn Taranaki –, aber die Weißen hatten keine Scheu. Der Gießener Professor Ernst von Dieffenbach bestieg den Vulkan als erster 1839. Er war überwältigt von dem Ausblick, der sich ihm bot. Heute ist der Aufstieg bequemer, da es Wanderpfade und Straßen bis oberhalb des Waldes gibt. Skihütten bieten Wetterschutz, denn nicht immer präsentiert sich der Mount Egmont als herrlicher weißer Kegel. Plötzliche Wetterstürze und heftige Winde machen ihn zu einem gefährlichen Ausflugsziel.

Mount Ruapehu, Mount Ngauruahoe, Mount Tongariro Die drei Feuerberge – der 2797 Meter hohe Mount Ruapehu, der 2291 Meter hohe Mount Ngauruahoe und der 1990 Meter hohe Mount Tongariro – bilden ein Massiv, um das sich eine Straße legt, die Desert Road. Wie ein Märchenschloß liegt das große Hotel «Château Tongariro» am Fuß des Ruapehu, es ist durch eine schmale Straße mit der Desert Road verbunden.

Die Straße führt am Hotel und an Berghütten vorbei bis zu einem kleinen, im Sommer ausgestorbenen Skidorf am Ruapehu. Dort endet sie. Im Winter kann man auf Skiern, im Sommer auf Schusters Rappen weiterwandern über Lava, Basaltgrate und Firnfelder bis zum Kraterrand des Ruapehu – falls das Wetter mitspielt, denn die drei Vulkane sind wetterexponiert, Sonnentage sind hier selten. Der Blick vom Kraterrand zum Nachbarberg, dem Ngauruahoe, lohnt sich. Er ist der unruhigste der drei feurigen Brüder. Feiner Rauch steigt aus dem Krater, im Abstand von wenigen Jahren bricht er aus. Der weniger hohe Tongariro mit seinen Kratern sieht wie eine Mondlandschaft aus; fern am Horizont ragt das weiße Dreieck des Mount Egmont auf.

Tief in der schalenförmigen Mulde des Ruapehu lädt der zwischen Eiswänden dampfende Kratersee zum warmen Bad ein; zeitweilig aber wird er zum siedenden Kochtopf. Auch der Ruapehu ist ein unberechenbarer und gefährlicher Vulkan.

Den Maori sind die Vulkane heilig, sie gelten als lebendige göttliche Wesen, die sehr menschliche Streitigkeiten und Eifersüchteleien miteinander austragen. Mit den Wettergöttern stehen sie bis heute auf Kriegsfuß. Dicke Wolken krallen sich oft tagelang an diesen höchsten Gipfeln der Insel fest, sie bringen Regen, Schnee oder Sturm.

Napier Siehe Hastings.

New Plymouth Nur eine große Stadt liegt im Schatten des Mount Egmont/Taranaki: New Plymouth, die Stadt der schönen Parks und des schlechten Wetters. Die herrliche Landschaft ringsum entschädigt für den vielen

Regen. Der vulkanische Boden und genügend Feuchtigkeit lassen das Gras für die Kühe sprießen. Taranaki ist das Land, wo Milch und Honig fließen. Doch bringt der Vulkanismus auch noch anderen Nutzen: In Küstennähe wird Erdgas gefördert, auch etwas Erdöl. Rohrleitungen und Fördertürme, ein Petrochemiewerk und Raffinerien gehören zum Landschaftsbild.

Puhoi Auf dem Weg zum nördlichen «Topend», wo die Geschichte des modernen Neuseeland angefangen hat, passiert man den kleinen bayrisch-böhmischen Ort Puhoi. Ein hölzernes Kruzifix am Ortseingang, deutsche Namen auf den Kirchenfenstern und allerlei einst aus der Heimat mitgebrachte Geräte und Gebrauchsgegenstände an den Wänden und der Decke des kleinen Gasthauses erinnern an die Siedler, die sich 1863 hier niederließen.

Rotorua und der Rotorua-See Rund um den Lake Rotorua erstreckt sich «des Teufels Landschaft»: Die Stadt Rotorua lebt im Schwefelqualm. Überall steigt er aus der Erde, selbst auf dem gepflegten Rasen vor dem im Fachwerkstil errichteten Tudor-Towers-Haus, einer Art Kurhaus, wo sich die ältere Generation im Rasenkegeln übt. Das große Schwimmbad ist naturwarm.

Auf dem Rotorua-See schwimmen Dutzende von schwarzen Schwänen. Romantische Sagen der Maori ranken sich um ihn. Auf der Insel Mokoia spielte sich die Liebesgeschichte der schönen Hinemoa und ihres Geliebten Tutanekei ab: Romeo und Julia auf polynesisch, aber mit einem Happy-End.

Rund um den See liegen weite Gebiete mit rauchenden Tälern, etwa Tikitere mit besonders wild aufkochenden Schlammtümpeln und einem heißen Wasserfall; Orakei Korako mit goldenen, algenbewachsenen Sinterterrassen, die an gemaserten Marmor erinnern; Waimangu mit einem großen kochenden See, der «Bratpfanne» genannt wird. Hier lagen früher Neuseelands Sinterterrassen mit Hunderten von abwechselnd weißen und rosafarbenen Stufen, die in Jahrtausenden entstanden waren. Der Ausbruch des Tarawera im Jahre 1886 zerstörte diese Weltwunder, seitdem liegen die Terrassen unter Asche begraben. Zerstörung und Nutzung – hier gibt es beides: Im nahen Wairakei werden die heißen Dämpfe zur Energieversorgung genutzt. Wer in Rotorua war, wird sich beim Geruch fauler Eier immer an diesen Ort erinnern!

Taupo-See Das Herz der Nordinsel ist der riesige Lake Taupo, ein uraltes Kraterbecken, das durch einen Ausbruch vor über tausend Jahren entstanden ist, der noch gewaltiger war als der Ausbruch des Krakatau. Bis heute schwimmt Bimsstein auf dem See. Er ist ein Paradies für Picknickfreunde und Sportfischer – ein großer Zauberspiegel, in dem sich das Vulkanmassiv des *Tongariro-Nationalparks* spiegelt.

Tauranga Die reizende Stadt Tauranga vor dem *Mount Maunganui*, einem erloschenen Vulkan, liegt in einer herrlichen Landschaft, die den Namen «Überflußbucht» verdient. Große Zitrus-, Kiwi- und Kernobstpflanzungen reihen sich aneinander. An kleinen Obstständen werden frische Früchte angeboten, die hier prachtvoll gedeihen.

Urewera-Nationalpark Hinter der Küste der Hawke's Bay liegt einer der ursprünglichsten Nationalparks Neuseelands, der Urewera-Nationalpark, eine phantastische Wildnis: mit dichtem Grün überwucherte Berge, leuchtende Seen, wilde Flüsse und Wasserfälle. Hier herrscht Neuseelands reiche Buschvegetation aus Buchenarten und Farnen, Myrten und Schmetterlingsblütlern, die den herrlichen *Waikaremoana-See* säumt wie ein kostbarer Rahmen.

Waitangi In Waitangi wurde jener Vertrag geschlossen, der aus Aotearoa das britische Neuseeland machte, und hier begannen auch die Aufstände der Maori gegen die übermächtigen Pakeha. Heute ist Waitangi ein reizendes, verschlafenes Städtchen mit dem gut gepflegten Vertragshaus, das jetzt Museum ist, mit der Fahnenstange, die den Ort des Vertragsabschlusses markiert, einem mit wertvoller Schnitzarbeit versehenen Meeting House und einem der herrlichsten Maori-Kanus, die das Land besitzt.

Wangarei Wangarei an der Pazifikküste ist das Verwaltungszentrum des Nordlands, wo sich die letzten Vertreter der riesigen Kauri-Araukarie finden. Ausgedehnte Waldungen dieser herrlichen Bäume (die Hunderte von Jahren brauchen, um «erwachsen» zu werden) wurden von den Pionieren gerodet, nur klägliche Reste blieben stehen und wurden in letzter Minute unter Schutz gestellt. Ein königlicher Baum! Sein Stamm ist eine gigantische Säule, in dreißig Metern Höhe breitet sich die Krone aus. Besonders eindrucksvoll ist der zweitausend Jahre alte Te Matua Ngahere, der «Vater des Waldes». Längst von der Erde verschwundene Kauri-Bäume haben ihr Harz als eine Art Bernstein hinterlassen. Kauri-Holz war einst als besonders gutes Bauholz eine gesuchte Kostbarkeit, ebenso das «Kaurigum» (Harz), das für die Linoleumherstellung verwendet wurde.

Wellington Wellington, die Stadt des Windes und der Sonne, ist Landeshauptstadt seit 1865. Von hier setzen Fähren hinüber zur Südinsel. Ihre Lage am Verbindungspunkt beider Inseln hat Wellington zur Hauptstadt prädestiniert, auch gegenüber dem zweieinhalbmal so großen Auckland. Die Stadt (320 000 Einwohner) breitet sich malerisch um den großen Naturhafen aus, als wollte sie alle hier liegenden Schiffe umarmen.

Downtown Wellington – das sind einander übertrumpfende Hochhäuser. Zwischen Wän-

Holzhaus auf dem Gelände des Waitangi National Reserve (oben). Waitangi ist heute das Symbol für den historisch folgenschweren Vertrag zwischen den Ureinwohnern Neuseelands, dem Volk der Maori, und der britischen Krone. Im Urewera-Nationalpark leben noch heute Maori auf ihrem angestammten Land; sie betreiben vor allem Schafzucht (unten).

In der Mythologie der Maori heißt es, der Halbgott Maui habe die Nordinsel als einen riesigen Fisch aus dem Pazifischen Ozean gezogen. Wellington ist mit seinem Hafen das Maul dieses Fisches...

... Heute ist Wellington das Verwaltungszentrum Neuseelands, eine Stadt der Regierungsbeamten und Angestellten. In modernen Bauten haben die Zentralen in- und ausländischer Firmen, die diplomatischen Vertretungen und kulturellen Organisationen ihren Sitz.

den aus blitzendem Plexiglas und Aluminium wurden alte Hausfassaden liebevoll erhalten. Außer Geschäften, Banken, Hotels und Restaurants bietet die Stadt auch Theater, Kunstgalerien, Museen, Nationalbibliothek, Nationalballett, Schauspielschule, Symphonieorchester, Zoo und Botanischen Garten.

Vom Zentrum steigen die Straßen hangaufwärts zu einem bunten Gemisch aus individuellen Holzhäusern. Zu den weiter oben gelegenen Stadtteilen, nach Kelburn, zum Botanischen Garten, zur Universität und zur Nationalen Rundfunkstation führt eine Drahtseilbahn. Wellington hat nicht viel Platz, sich zwischen Bucht und Bergen auszudehnen. Dafür wachsen rundherum Trabantenstädte wie Upper Hutt, Lower Hutt, Petone.

Nach achtzehn Uhr erlischt das sonst vielfarbige, geschäftige Leben in den Straßen. Nach Feierabend und an Wochenenden ist Wellington eine «Geisterstadt», denn hier sind vor allem die Behörden, Ämter, Botschaften und Konsulate angesiedelt; es ist die Stadt der 60 000 Beamten, die das Land regieren.

Das erste Government House, vierstöckig und ganz aus einheimischem Holz erbaut, ist heute nur noch ein sorgsam gehütetes Erinnerungsstück, es wurde längst abgelöst vom imposanten säulengeschmückten Parlamentsgebäude, dessen Räume wie im Westminsterparlament in London angeordnet sind. Neuseeland ist heute zwar ein von Großbritannien unabhängiges Land, aber dennoch eine konstitutionelle Monarchie mit Königin Elizabeth als Staatsoberhaupt. Allerdings gibt es nur ein Unterhaus (House of Representatives) mit 92 Sitzen, vier davon für Maori. Der neue Plenarsaal, ein «Bienenkorb» genannter runder Turm, ist eine ungewöhnliche architekto-

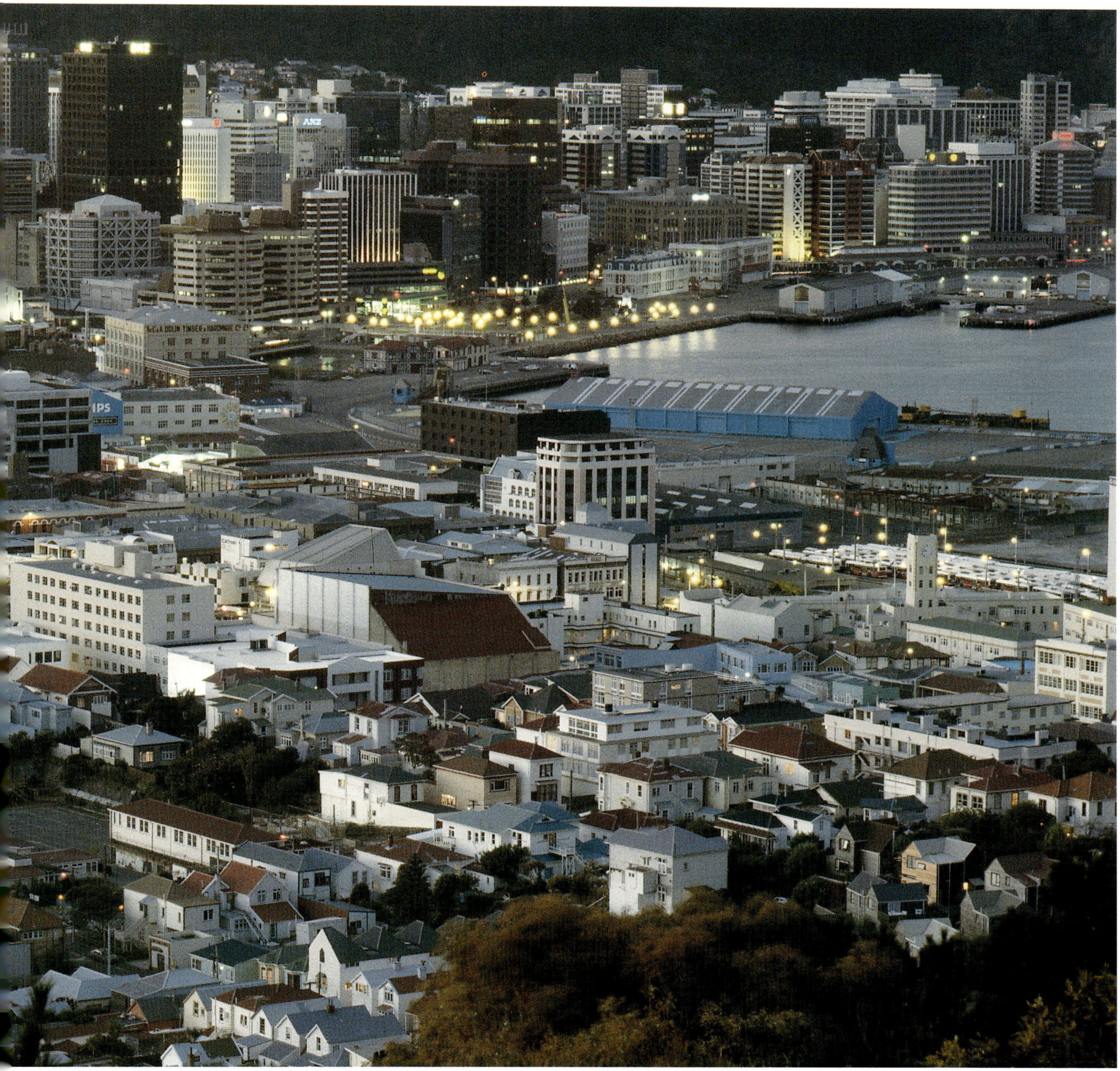
ANZ
IPS

Links: Ein Höhepunkt der sportlichen Wettkämpfe in Wellington ist das große Floßrennen, das Rafting. Rechts: Das Meer mit all seinen Lebewesen spielt im Bewußtsein der Bewohner des Insellandes eine große Rolle. Auf Häuserwänden und Mauern ist es selbst in den städtischen Zentren präsent wie hier in Wellington.

nische Konstruktion. Von hier aus wird Neuseeland regiert, hier versucht man, seine großen wirtschaftlichen und ökologischen Probleme zu bewältigen.

Am Abend taucht die untergehende Sonne die Stadt in ein goldenes Licht; das ist die richtige Zeit, den Marine Drive entlangzufahren, rund um die Hafenbucht und weiter auf den Mount Victoria, um einen Blick auf das Lichtermeer der Stadt zu werfen – eine schönere Lage für die Hauptstadt Neuseelands ist kaum vorstellbar. (Siehe auch Seite 86.)

Whakarewarewa Am Rotorua-See, zwischen Schwefeldampf und kochendem Morast, leben seit Generationen die Maori von Whakarewarewa. Die Brücke nach Whakarewarewa führt über einen warmen Bach, es dampft aus vielen Erdlöchern, ein Pfad verläuft zwischen heißen Teichen. Die Maori haben gelernt, die Thermen zu nutzen: zum Kochen, Waschen und Baden.

In der Mitte steht das große Versammlungshaus mit kunstvoll geschnitztem Dach und verzierten Seitenbalken; dargestellt sind Ahnen und Geister mit drohend herausgestreckter Zunge und in der Sonne blitzenden Perlmuttmuschelaugen. Auch im Inneren ist das Gebäude mit holzgeschnitzten Ahnenköpfen, Spiralmustern und Flechtwerk versehen. Die Maori waren große Krieger, aber auch große Künstler – es ist die Kunstfertigkeit eines Steinzeitvolks, denn Metalle lernten sie erst durch die Pakeha kennen. Das Marae, die Plattform vor dem Versammlungshaus, ist ein wichtiger Treffpunkt. Um die kleine Kirche liegen, wie Treppenstufen angeordnet, die weißen Betonmausoleen der Gräber. Man kann die Verstorbenen nicht beerdigen, denn wo man gräbt, entspringt eine heiße Quelle.

Hinter dem Dorf brodeln stinkende Schlammlöcher, sie spucken schmatzend Morast aus, der Pohutu-Geysir schießt dreißig Meter hoch empor, rundum zischt und brodelt es im Boden. Hinter solchen gefährlichen Naturbarrieren war eine Festung strategisch sicher angelegt. Gräben und Palisaden, wie sie unsere Vorfahren zur Zeit Cäsars gebaut haben, mit nur wenigen Toren schützten das Dorf. Die Häuser und Vorratshäuser, der flugunfähigen Vögel wegen auf Pfählen errichtet, sind großartig mit Schnitzwerk bearbeitet.

Noch eindrucksvoller ist das am See gelegene Maori-Dorf *Ohinemutu*; auffallend ist seine schöne Fachwerkkirche. In das Glasfenster ist eine Christusfigur eingearbeitet, Christus scheint über den See zu schreiten.

White Island Eine der Inseln vor der Bay of Plenty ist die unheimliche, von Schwefeldampf umhüllte Vulkaninsel White Island. Sie ist unbewohnt und gefährlich. Leute, die dort einst den Schwefel ausbeuten wollten, kamen um. Nun fliegt nur manchmal ein Hubschrauber oder Sportflugzeug mit Touristen über White Island; wenn der Wind den Dampf fortbläst, sehen sie eine gelblichgraue, vegetationslose Insel unter sich.

SÜDINSEL

Banks-Halbinsel Die Banks-Halbinsel ist das Relikt eines längst erloschenen Vulkans. Auf ihr entstand 1840 *Akaroa*, die erste kleine Niederlassung von Europäern auf der Südinsel. Akaroa ist die einzige französische Siedlung Neuseelands. Die Franzosen versuchten von hier aus, die Südinsel als Kolonie zu annektieren, aber die Engländer waren schneller. Akaroa hat noch einiges von seinem französischen Charme bewahrt. Es gibt aus dieser Zeit ein paar alte Häuser wie das Langlois-Éteneveaux-Haus von 1841 (heute Museum). Auch die katholische Kirche mit dem hübschen Glasfenster könnte man sich in einem normannischen Dorf vorstellen. Der alte französische Friedhof wurde auch einigen deutschen Einwanderern zur letzten Ruhestätte. Die Weiden wurden aus Setzlingen gezogen, die man von Napoleons Grab auf Sankt Helena mitgebracht hatte. Drei Trantöpfe beim Denkmal der französischen Siedler erinnern an den Walfang, der sich schon früh hier etabliert hatte.

Für die Maori war die Banks-Halbinsel von Zauber umgeben. Auf den Hügeln über der

Nach der Besichtigung des Schiffahrtsmuseums (links oben) oder des Nationalmuseums (links unten) in Wellington kehrt man in die heutige Welt zurück und besucht ein Café (rechts).

Christchurch. – John Robert Godley, der Führer einer anglikanischen Siedlergruppe, gründete die Stadt 1850 und gab ihr den Namen seines College in Oxford. – Links die neugotische Kathedrale, rechts unten die Hauptpost.

French Farm (vierzehn Kilometer außerhalb der Ortschaft Akaroa), dem einstigen Gemüsegarten der Siedler, sollen in nebligen Nächten die Nebelfeen tanzen und singen.

Christchurch Christchurch ist die einzige der vier großen Städte Neuseelands, die Platz hat zu wachsen: Sie kann sich in einem weiten, offenen Hinterland ausbreiten wie ein wachsender Fächer. Nur die Stadtviertel an den Port Hills, die Christchurch von seinem Hafen trennen, liegen am Hang. Die Stadt wendet ihrem Hafen am Pazifik den Rücken zu und blickt über die Canterbury Plains zu den Bergen im Westen.

Christchurch hat herrliche Strände, Parks, Alleen, Gärten und Sportanlagen. Der Avon River windet sich durch die Stadt, seine parkähnlichen Ufer quellen im Frühling über von goldgelben Narzissen. Eine Fußgängerzone führt zur Kathedrale, der Christchurch seinen Namen verdankt, war die Stadt doch ursprünglich eine anglikanische Siedlung (1845 gegründet). Zweimal schon wurde der Turm dieser Kirche durch ein Erdbeben beschädigt. Der stolze Bau in neugotischem Stil ist imposant, denn die «Pilgrims», die sich hier niederließen, hatten ihre Vorstellung von einem würdigen Gotteshaus aus England mitgebracht. Dieser ersten Siedler wird noch heute gedacht, ähnlich wie man die «Mayflower»-Ankömmlinge in Neuengland feiert.

Die Kathedrale ist nicht das einzige Gebäude im neugotischen Stil. Auch das Province Government, das Christ College, eine seit über hundert Jahren angesehene Schule, und die alte Canterbury-Universität, heute Arts Centre, sind der Gotik nachempfunden. Die neue und größere Universität wurde außerhalb der Stadt erbaut.

Christchurch, sagt man, sei englischer als die Engländer. Die Straßen rund um den Cathedral Square tragen englische Namen wie Gloucester-, Worcester-, Manchester- und Salesbury Street. Auf dem von Parkanlagen umgebenen Victoria Square steht eine Statue von Königin Victoria, auch Kapitän Cook blickt stolz unter seinem Dreispitz hervor. Christchurch wurde in den vergangenen Jahren modernisiert, neue Fassaden ragen hinter sorgfältig erhaltenen alten Hausfronten auf. Auch eine Statue von Robert Falcon Scott ist hier aufgestellt: Er war der glücklose schottische Antarktisforscher, der von Neuseeland aus zu seiner Südpolexpedition aufbrach. Als er den Pol nach unsäglicher Mühe endlich erreicht hatte, mußte er feststellen, daß der Norweger Amundsen ihm zuvorgekommen war. Scott kehrte nie zurück. Christchurch ist heute noch mit der Antarktis verbunden. Neuseeland gehört zu den Nationen, die Stationen auf der Antarktis in Betrieb halten. Amerikaner, die unterwegs zu ihrer Antarktisstation sind, machen in Christchurch die letzte Zwischenlandung.

In der alten Universität ist das Canterbury Museum eingerichtet worden, das dem deutschen Forscher Julius von Haast und dem Österreicher Andreas Reischek so viel verdankt. Seine neue Antarktisabteilung zeigt, wie sich Neuseeland im Ross-Gebiet engagiert. Natürlich bietet diese kultivierte und sehr englische Stadt auch Museen, Theater und Konzertsäle. Gepflegte Stadtteile mit schönen Häusern und zauberhaften Gärten reihen sich aneinander, etwa Fendalton oder Cashmere; andere Stadtteile liegen am Strand, etwa Brighton und New Sumner.

In Christchurch wird der Sport noch mehr geliebt, als dies in Neuseeland ohnehin schon der Fall ist. Hier wurde 1866 der «Union Rawing Club», der erste Sportverein Neuseelands, gegründet. Rugby wird besonders enthusiastisch gespielt. Auf den Golfplätzen ist am Wochenende Hochbetrieb, die Hanggleiter schweben über den Stränden, und die Segelflieger ziehen ihre «Kisten» hinter sich her bis zu den Alpenweiden, Neuseelands besten Segelfluggebieten. Die Bergsteiger und Skiläufer haben es nicht weit zu den Alpen, und die Bushwalker finden selbst in unmittelbarer Nähe der Stadt erlebnisreiche Wanderwege. (Siehe auch Seite 86/111.)

Cook-Straße Um zur Südinsel zu gelangen, benutzt man die Fähre. Die Überfahrt über die

Dunedin ist eine schottische Gründung, die ihrem Vorbild Edinburgh alle Ehre macht. Die Presbyterianer bauten Universität (links oben), Kirche (rechts) und Wohnhäuser im neugotischen Stil, und der Stadtkern wurde in Form eines Oktagons angelegt.

Cook-Straße lohnt sich; sie ist 23 Kilometer breit und ein nicht ungefährlicher Wasserweg, den Kapitän Cook als erster mit seiner «Endeavour» durchfuhr. Es kann eine sehr stürmische Fahrt sein. Genaugenommen ist dieser Wasserarm zwischen beiden Inseln nur eine Scharte in dem 1400 Kilometer langen Gebirgszug, der sich von der Süd- zur Nordinsel zieht. Zahlreiche Wracks von Schiffen, die der unberechenbaren Strömung, den schroffen Felsen und dem Sturm zum Opfer fielen, liegen auf dem Grund der Cook-Straße. Es wären sicher noch mehr, hätte es nicht Pelorus Jack gegeben, jenen menschenfreundlichen Delphin, der um die Jahrhundertwende manchen Schiffen als freiwilliger Lotse diente und sie um Kliffs und Tücken herum in den Hafen von Wellington führte. Durch ein 1904 von der Regierung erlassenes Gesetz unter Schutz gestellt, konnte Jack seine segensreiche Aufgabe 24 Jahre lang erfüllen.

Die Fähre legt in *Picton* an, einer von Hügeln eingeschlossenen Hafenstadt in den Marlborough Sounds.

Dunedin Die südlichste Großstadt am Pazifik (105 000 Einwohner) trägt den altehrwürdigen keltischen Namen von Edinburgh, der Hauptstadt Schottlands. Die Stadt ist sehr viktorianisch, mit schönen Gebäuden im Stil des 19. Jahrhunderts. Das war die große Zeit von Dunedin, als das Gold aus dem Flußtal des Shotover hereinströmte und die Stadt zum Finanzmittelpunkt Neuseelands wurde. Stolze Häuser, Parks, moderne Hafenanlagen entstanden, ebenso Kirchen, Theater und die erste Universität Neuseelands. Das erste Gefrierschiff, mit dem Fleisch nach England transportiert wurde, kam aus Dunedin.

Heute ist Dunedin, die Stadt der Türme und Türmchen, eher eine gemütliche Stadt. Das zeigt sich bei einem Bummel um das achteckig angelegte Zentrum mit den gepflegten Parkanlagen und dem Standbild des schottischen Dichters Robert Burns. Rundum ragen hohe Gebäude auf – Kathedrale, Hotels, Geschäfte –, in denen einheimischer Whisky und farbige Kilts (Schottenröcke) angeboten werden. Manchmal trifft man auf eine Dudelsackkapelle, zu der auch Damen gehören.

Dunedin liegt nicht direkt am Meer, sondern in einer Bucht, die sich dolchartig ins Land senkt, *Otago Harbour* genannt. Nur einige Stadtteile wie St. Kilda, St. Clair oder Andersons Bay grenzen an den offenen Ozean. Rund um Otago Harbour liegen Felsküste, Sanddünen, Halbinseln und Buchten. Zu diesen Küstengebieten der südlichsten Großstadt Neuseelands finden auch Tiere arktischer und subarktischer Regionen ihren Weg. In den Höhlen der Dünenküste brüten die kleinen Gelbaugenpinguine, Seehunde räkeln sich am Strand. Auf der Felsplattform von *Taiaroa Head* nisten Königsalbatrosse, die größten Vögel der Albatrosfamilie. Neugierige können die brütenden Hennen aus sicherer Entfernung beobachten oder sie wie vollendete Segelflieger über der Bucht schweben sehen. (Siehe auch Seite 111.)

Fjordland Das Fjordland im Südwesten der Südinsel ist der größte Nationalpark Neuseelands. Er bedeckt eine Fläche von über einer Million Hektar und ist weitgehend nur durch Luftbilder bekannt: eine herrliche, wilde Bergwelt mit rauschenden Wasserfällen, Flüssen und dichten Wäldern. Der größte Teil ist bisher kaum von Menschen berührt worden, sie sind hier Eindringlinge, die sich nur auf wenigen ausgetretenen Pfaden bewegen können. Das Fjordland ist die Wildnis, in der verlorene Maori-Stämme vermutet wurden und in der man für ausgestorben gehaltene Vögel entdeckte, wie den hühnergroßen Takahe mit seinem herrlichen roten Schnabel, eine der flugunfähigen Rallen Neuseelands.

Die Südwestküste ist tief eingekerbt von majestätischen Fjorden – ehemaligen Gletschertälern, in die nach dem Abschmelzen des Eises das Meer eindrang –, wie dem *Doubtful Sound*, dem *Dusky Sound* und dem *Milford Sound*. Sie sind von steilen grünen Felswänden eingerahmt, wo sich Seehunde und Pinguine tummeln. Wanderwege dorthin nehmen ihren Anfang an den beiden Seen *Te Anau* und *Manapouri*. Ihre Wasserarme recken sich in das von dichtem Grün bedeckte Bergland. Hoch gingen die Wogen der Empörung, als der Manapouri-See für ein Wasserkraftwerk aufgestaut und seine Umgebung ertränkt werden sollte. Schließlich wurde ein wesentlich kleinerer Plan verwirklicht, der den See größtenteils schonte. Auch am Te Anau finden sich Glühwürmchenhöhlen, mit einer Bootsfahrt über den See erreichbar und noch romantischer als in Waitomo. Hier beginnen die herrlichsten Wanderwege Neuseelands, die mehrtägigen Tracks zu den großen Fjorden.

In den Bergen sind überall Keas, die munteren Nestorpapageien, zu hören und zu sehen. Ihr graugrünes Gefieder ist der Bergumgebung perfekt angepaßt, nur unter den Flügeln leuchten rote Federn. Sie fliehen nicht vor Menschen, sondern kommen neugierig näher – ein hübsches Motiv für Fotografen. Aber Vorsicht vor den geschickten gefiederten Dieben!

Kaikoura-Berge Von Christchurchs herrlichem Sumner-Strand sieht man die Kaikoura-Berge, die direkt aus dem Meer bis zu 2600 Meter aufzusteigen scheinen. Aber es liegt doch ein schmaler Streifen Land zwischen ihnen und dem Pazifik. Fischerhütten und Bootsschuppen stehen am Strand sowie Geräte für den Fang einer besonderen Hummerart, die grün und sehr groß ist. Am Kai wird der Hummer verpackt und geht in alle Himmelsrichtungen.

Auch hier hatten sich zwischen 1860 und 1920 Walfänger niedergelassen; es war ein günstiger Platz, denn Scharen von Walen zogen vorbei. Das Fyffe-Haus aus jener Zeit – heute Museum – ist aus Wrackholz und Walknochen gebaut, Baumaterialien, die damals im Überfluß vorhanden waren.

Lyttleton Christchurchs Hafen befindet sich auf der anderen Seite der Port Hills; der Hafenhügel liegt in einem tiefen ehemaligen Kraterbecken eines längst erloschenen Vulkans auf der Banks-Halbinsel. Die kleine Hafenstadt Lyttleton erinnert an die Reklame für ein Spielzeugdorf: Bunte Dächer von Häusern und Häuschen, Kirchen und Gärten reihen sich neben- und übereinander. Der Turm des burgartigen Hafengebäudes Time Ball Station ist von einem Mast gekrönt, an dem früher zu jeder vollen Stunde ein Ball herabgelassen wurde, um den Schiffen die Uhrzeit anzugeben.

Das Hafenbecken ist tief genug für Ozeanriesen; hier laufen auch Kreuzfahrtschiffe ein, die von den Einheimischen bestaunt werden. Die Bucht ist gesprenkelt mit großen und kleinen, weißen und bunten Segeln. Am Kraterrand war kein Platz für eine große, zukunftsträchtige Stadt. Darum wurde Christchurch auf der anderen Seite der Port Hills gegründet. Bis vor dreißig Jahren verband eine schmale, steil über die Hügel führende Straße Hafen und Stadt, heute gibt es einen Straßentunnel. Einen Eisenbahntunnel gab es schon lange vorher, seit Fähren direkt von Wellington nach Lyttleton fuhren.

Mackenzieland Die Straße über den Haast-Paß ist der kürzeste Weg von der Westküste

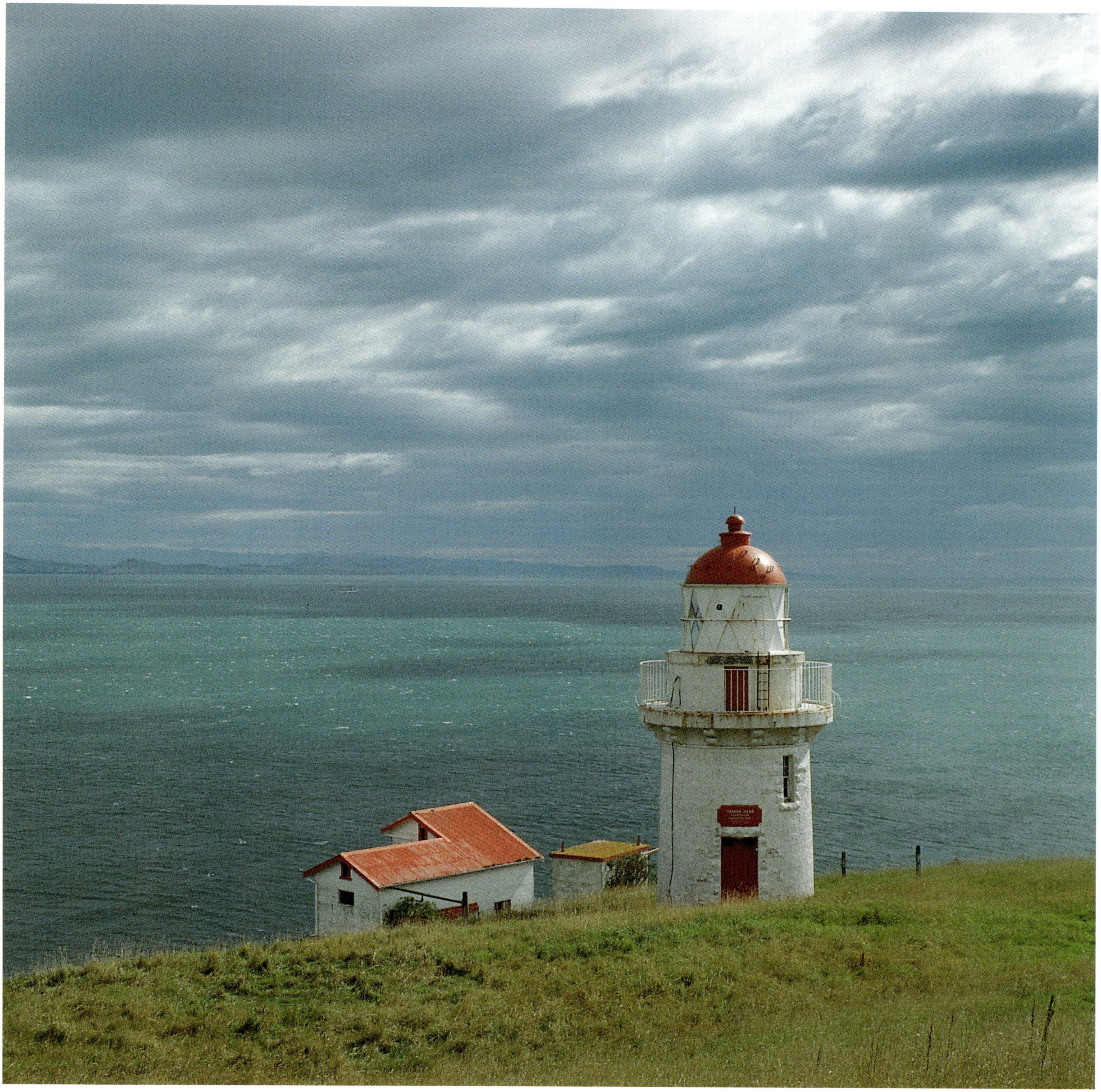

◁ TAIAROA HEAD *Der Leuchtturm von Taiaroa Head krönt die äußerste Nordspitze der Otago Peninsula, die von großer landschaftlicher Vielfalt ist. Bekannt ist diese Gegend für die Königsalbatrosse, die hier nisten; Albatrosse ziehen sonst einsam gelegene Felsen oder Inseln vor.*

PANCAKE ROCKS   *Die sogenannten Pancake Rocks (Punakaiki) an der Westküste der Südinsel sind durch Meereserosion aus dem Kalkstein herausgewaschen worden.*

BEI KAIKOURA *Bei Kaikoura an der Ostküste der Südinsel wird der Crayfish, eine Hummerart, gefangen. Nur einen Kilometer vor der Küste kann man Pottwale und Delphine beobachten.*

PANCAKE ROCKS   *Bei den Pancake Rocks schießt das Wasser wie aus Schloten zwischen den Felsen hervor und formt weiter an den härteren und weicheren Gesteinsschichten.*

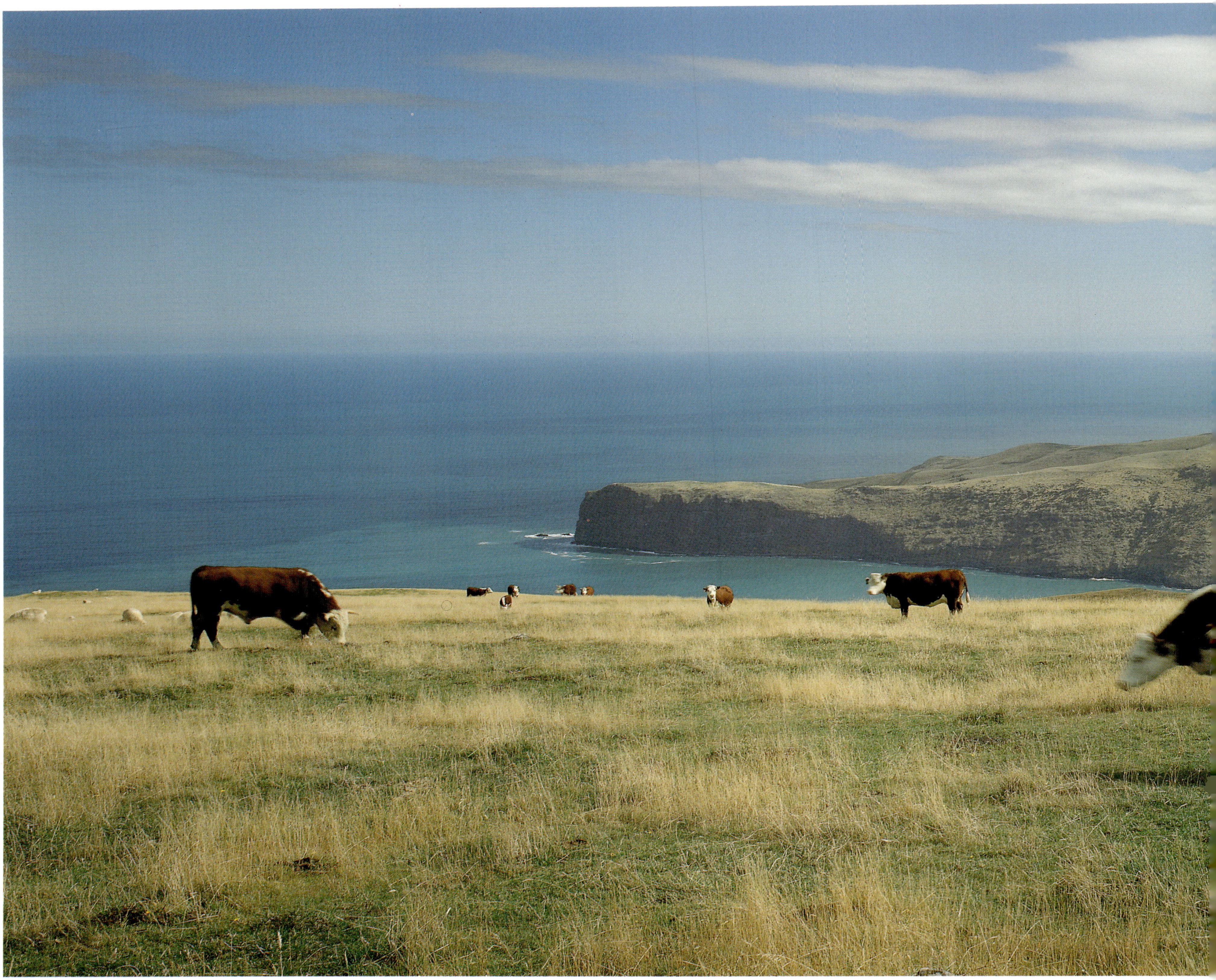

BANKS PENINSULA *Bei Akaroa bildet die Banks Peninsula eine malerische Bucht. Von hier aus bieten sich besonders schöne Ausflüge und Wanderungen über die Halbinsel an, bei denen man auf interessante Orte wie Okains Bay, Le Bons Bay oder Little Akaloa trifft.*

SEVENTEEN MILE BLUFF *Am Seventeen Mile Bluff an der Westküste der Südinsel bestimmen wechselnde Felsformationen das bizarre Küstenbild.*

BEI BRIGHTON *Der sanft geschwungene, weite Strand bei Brighton südlich von Dunedin im milden Morgenlicht.*

MOERAKI BOULDERS   *Bei Moeraki Point an der Westküste der Südinsel finden sich tonnenschwere Gesteinskugeln, deren Entstehung eine Maori-Legende so erklärt: Einst seien an diesem Strand Maori-Boote gekentert, und die Gesteinskugeln seien die versteinerten Kalebassen, in denen die Maori ihre Vorräte mitgeführt hätten.*

Typisch für die rauhe Nordwestküste der Südinsel sind aus dem Meer aufragende Felsengebirge wie hier am Seventeen Mile Bluff.

SEVENTEEN MILE BLUFF ▷

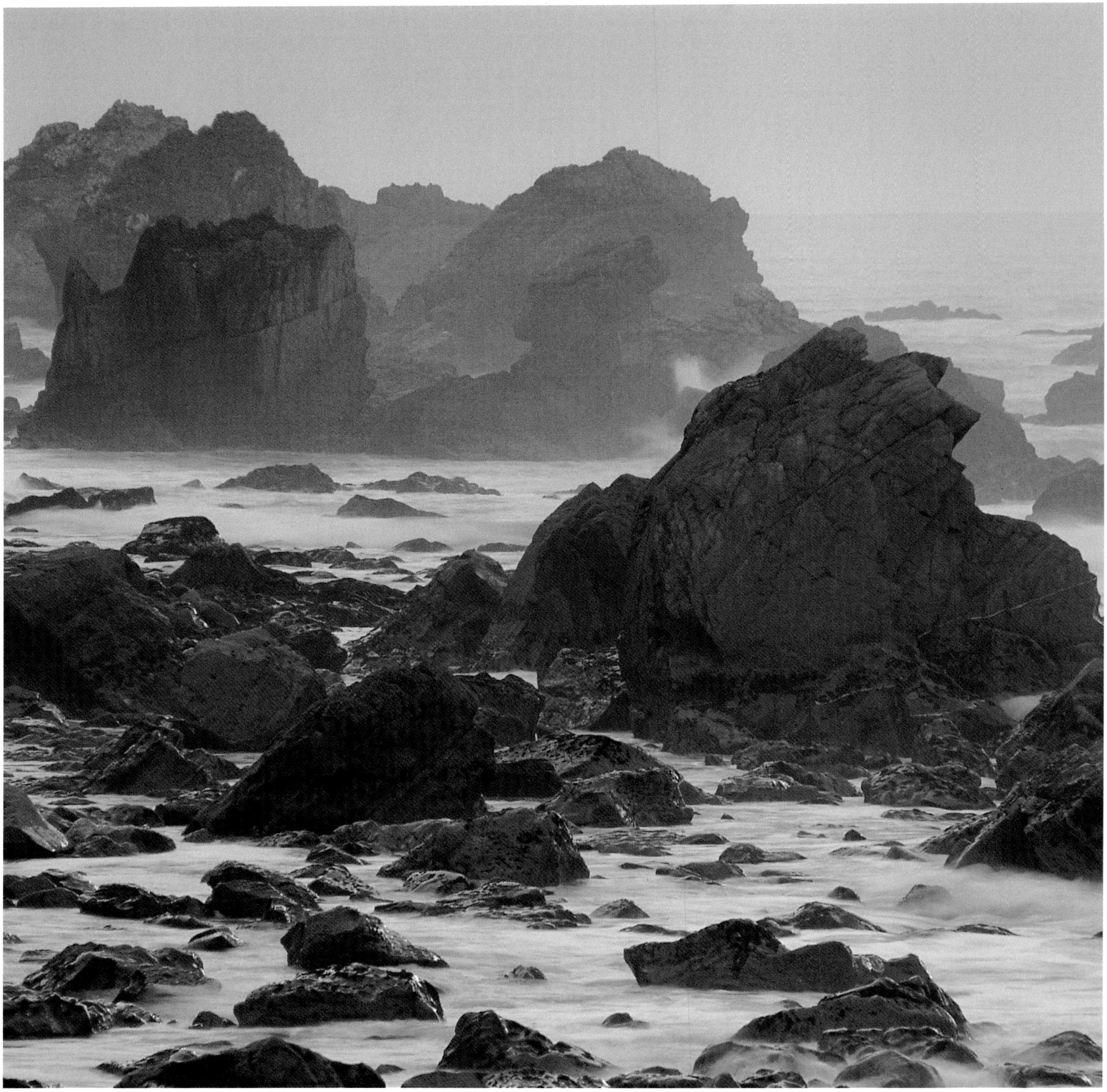

zum Mackenzieland auf der trockenen Alpenostseite mit den großen Seen *Wanaka, Pukaki, Ohau* und *Tekapo*. Im milchiggrünen Gletscherwasser des Tekapo-Sees spiegelt sich malerisch die weiße Kulisse der Alpen.

Als weite, steppenartige Landschaft breitet sich das Mackenzieland aus. Das Land der riesigen Schaffarmen, manche bis zu 40 000 Hektar groß, ist von struppigem Tussockgras bedeckt und gesprenkelt mit Tausenden von wolligen Schafrücken. Die Schafzüchter der Gegend herrschen über riesige Gebiete und Herden.

Mackenzieland ist auch das Land der Bergsteiger und Jäger und der Segelflieger, die sich den durch die Berge verursachten Aufwind, die Leewelle des «Nor'western» (Föhn), zunutze machen.

Milford Sound Die Wanderung zum Milford Sound gilt als die großartigste Tour der Welt; man kann ihn aber auch über eine Straße durch den Homer-Tunnel erreichen. Die Wanderung dauert vier bis fünf Tage und führt durch 53 Kilometer Wildnis – durch Wald, dessen Bäume mit langen Flechtenbärten behangen sind, in dem Lianen und Kletterpflanzen so ineinander verflochten sind, daß abgestorbene Bäume sich gegenseitig stützen. Der Weg führt über Bergpässe und Flüsse, an gigantischen Wasserfällen vorbei, die über senkrechte Wände stürzen, Bergbäche müssen auf schwankenden Hängebrücken überquert werden. Die Belohnung am Ende: der herrliche Fjord, ein weiter, glitzernder Trichter, in dessen Herzen der dreieckige *Mitre Peak* aufragt.

Die Fjordwände scheinen aus großer Tiefe fast senkrecht aus dem Wasser zu steigen. Wo immer sich Grün anklammern kann, wuchert dichtes Gestrüpp. Aus höher gelegenen Tälern, die einst Seitengletscher ausgeschürft haben, stürzen Wasserfälle herab. Seehunde liegen auf Uferfelsen, schwarze Schwäne ziehen vorbei. Auch dieses Paradies hat seine Plagegeister, die Sandfliegen, die schon Cook und seine Mannschaft zur Verzweiflung brachten. Hier an der Wetterseite kann wochenlanger Regen herrschen, wenn die Wolken an den Bergen kleben, aber selbst dann ist der Milford Sound schön.

Mount Cook / Aorangi Verdecken nicht Wolken den Riesen, ragt der Mount Cook imponierend vor uns auf. Er ist mit 3763 Metern der König der neuseeländischen Alpen, umgeben von fast allen Dreitausendern dieses Gebirges. Das alpine Hochtal ist von Bergastern und Löwenzahn, von der schönen Mount-Cook-Lilie (die eigentlich eine Dotterblume ist) und Heidekraut bedeckt, die fast verdrängt werden von den aus Europa eingeführten Pflanzenarten. Die Maori nennen den Berg Aorangi: Wolkenberührer.

Zahllose Touristenbusse steuern ihn an, und das «Hotel Hermitage» bietet Alpenleben mit Komfort. Es gibt auch Berghütten, vor denen häufig Keas kreischen, olivgrüne Papageien, die es nur auf der Südinsel Neuseelands gibt. Sie zerren an den Rucksäcken, stibitzen Handschuhe und Sonnenbrillen und streiten sich mit den aus Australien eingeführten Opossums um die Abfälle.

Auf Opossum, Gemsen, Hirsche, Himalaya-Steinböcke und Rotwild, vor achtzig Jahren aus Europa, Asien, Australien und Amerika eingeführt und längst zur Plage geworden, haben es die Jäger abgesehen, denn diese landfremden Tiere zerstören die Vegetation und müssen gejagt oder – wie das Rotwild – gefangen und in Zuchtfarmen gehalten werden. Wildfleisch wird vor allem nach Deutschland verkauft.

Von den Berghütten brechen hochalpin ausgerüstete Jäger und Bergsteiger zu mehrtägigen Touren in die Alpeneinsamkeit zwischen Gletschern und bizarren Gipfeln auf. Auch Skitouren sind sehr beliebt. Wer weniger Zeit, dafür aber mehr Geld hat, läßt sich mit kleinen Sportflugzeugen oder Hubschraubern auf den dreißig Kilometer langen Tasman-Gletscher fliegen und genießt aus der Vogelperspektive einen grandiosen Blick auf diese wilde Bergwelt. Bergsteiger und Flugzeuge müssen vor plötzlichem Wettereinbruch oder Lawinen auf der Hut sein. In einem Inselland ist das Wetter immer unberechenbar.

Das Herz der Alpen, den Mount-Cook-Nationalpark, erreicht man am besten in einem Landrover.

Nelson Von Picton, der Anlegestelle der Fähre zwischen Nord- und Südinsel, ist es nur ein kurzer Weg nach Nelson, der nördlichsten Stadt dieser Insel. Die patriotischen Stadtväter gaben den wichtigsten Straßen Namen, die mit dem großen Admiral zu tun haben, mit Englands berühmtestem Seehelden. Liebenswerte alte Häuser wurden vor dem Abriß bewahrt, sie erinnern an Nelsons Pionierjahre.

Rundum Obstpflanzungen und Weinberge – im Frühling ein Blütenmeer, im Herbst ein Weinparadies. Der Wein ist gut – auf «Siegfrieds Weingut» etwa kann man Riesling und Weißherbst, Müller-Thurgau, Silvaner und Gewürztraminer probieren. Möglicherweise wurden die ersten Reben hier von Deutschen gepflanzt, die 1843 in der Nähe von Nelson ein paar kleine Siedlungen gründeten. In der hübschen lutherischen Pauluskirche von *Upper Moutere* mit dem hohen, spitzen Turm wurde noch bis 1907 in deutscher Sprache gepredigt, damals hieß der Ort Neurantzau. Die Grabsteine des kleinen Friedhofs tragen deutsche Inschriften.

Otago Die Goldgräberzeit brachte Leben und Geld, Veränderung und Entwicklung in die trockene, weltvergessene Provinz Otago, die ein ganz eigenes Gesicht hat. Die Straße zur Ostküste verläuft durch eine baumlose Bergwelt, über abenteuerliche Brücken, die tief eingegrabene Flüsse überspannen, vorbei an kleinen, sauberen Städtchen wie *Alexandra* oder *Cromwell* und an verlassenen Goldminen, wo immer noch ein paar Unermüdliche Gold suchen, doch die goldenen Zeiten von Otago sind vorüber.

Queenstown Die kleine Goldgräberstadt Queenstown hat es geschafft, sich zu einer Stadt der Freizeitindustrie zu entwickeln. Hier wird alles geboten, was Urlauber sich wünschen können. Die alte Goldstadt hat sich gemausert, kaum noch zu erkennen ist das ursprüngliche Gesicht des Städtchens, das einem Western als perfekte Kulisse hätte dienen können. Zwischen Hotels, Restaurants, Vogelpark, Goldmuseum und Unterwasserschau findet sich immerhin das vor über hundert Jahren von einem tüchtigen Preußen gegründete «Hotel Eichhardts», nostalgische Erinnerung an die Zeit, da Tausende von Goldsuchern über den See gefahren kamen, um von hier aus zu den Goldgebieten aufzubrechen. Die Goldgräberzeit ging so schnell zu Ende, wie sie gekommen war. Fast vollständig verlassene Siedlungen wie *Arrowtown* sind heute Freilichtmuseen.

Shantytown Man sollte die kleine Stadt Shantytown an der Westküste, die als eine Art Museumsstadt erbaut worden ist, bei Regen besuchen, damit man sich beim Anblick ihrer falschen Fassaden, ihrer Bretterbuden und «Pubs» das trostlose Dasein der Goldgräber von 1860 vorstellen kann. Noch heute gibt es Goldsucher zwischen den Geisterstädten und

Auf der Otago-Halbinsel nahe Dunedin steht das einzige Schloß Neuseelands, Larnach Castle. Den imposanten neugotischen Palast, stilistisch eine Mischung aus englischer und italienischer Architektur, ließ ein glückloser Bankier und Politiker in fünfzehnjähriger Bauzeit für seine Frau errichten. Diese starb jedoch vor der Fertigstellung.

Wie die Wohnhausarchitektur sind auch die Grabmäler von europäischen Traditionen geprägt, ob auf dem Friedhof in Queenstown (rechts unten) oder sogar auf dem Friedhof für Maori-Häuptlinge in Otago (links unten).

Links und Mitte: Der schnelle Wechsel von Gletschergebieten mit herabstürzenden Gebirgsbächen und bergigem Weideland wird an der Westküste zum vertrauten Eindruck.

den rostenden Geräten. Außerdem wird an der Westküste Bergbau getrieben (man schürft Kohle, einen der wenigen Bodenschätze Neuseelands) und baut Jade ab.

Südalpen Die Alpen bedecken drei Viertel der Südinsel, sie sind so groß wie die Alpen Europas, und wie diese sind sie ein tertiäres Faltengebirge mit mehr als zwanzig Dreitausendern. Sie sind das «Dach» der Südinsel. Das schöne Bild der Alpen, die sich im *Matheson-See* spiegeln, ist ein neuseeländisches Briefmarkenmotiv. Lange Gletscherzungen strecken sich talwärts – der *Franz-Josef-Gletscher*, der *Fox-Gletscher* –, weißgraue Eisströme, die von grünschillernden Spalten zerrissen sind. Wie überall auf der Welt ziehen sich auch in Neuseeland die Gletscher zurück. Endeten sie 1855 noch am Rand des Buschs, so muß man heute ein gutes Stück weiter wandern, über Geröll und Felsmulden und schwankende Hängebrücken bis zum Gletscherende, wo dem tiefblauen Gletschermund das Schmelzwasser entströmt und dem nahen Meer entgegenfließt.

Bei Sonnenuntergang ist die Alpenkette in goldenes Licht getaucht, wie Pagodendächer heben sich die Gipfel von *Mount Cook* und *Mount Tasman* vor dem dunklen Himmel ab – aber so herrliche Abende sind selten an der Westseite und darum besonders schön.

Südalpen-Pässe Von den drei Pässen, die über die Berge zur Westseite führen – dem *Lewis-Paß*, dem *Arthurs-Paß* und dem *Haast-Paß* –, ist die Straße über den Haast-Paß die jüngste. Jeder der Paßwege bietet eigene Reize. Inmitten des sich türmenden Neuschnees in den warmen Quellen von *Hanmer Springs* oder *Maruia Springs* oder am Lewis-Paß zu baden, ist einzigartig. Ebenso eindrucksvoll ist die Fahrt über die steile Straße der Otiraschlucht am Arthurs-Paß über die von herrlicher Alpenvegetation bedeckte Paßhöhe und weiter gen Osten durch das Alpendorf Arthur's Pass (das einzige in Neuseeland), das an Tirol erinnerte, wären da nicht die kreischenden Keas.

Ein reizvolles Ziel in Neuseelands größtem und unberührtstem Nationalpark, dem Fjordland National Park, sind die Hunter Mountains (oben), ein anderes der glasklare Manapouri-See.

Wakatipu-See Mit einer schwarzen Rauchfahne faucht der alte Dampfer «Earnslaw» über Neuseelands drittgrößten See, den Wakatipu, der sich S-förmig durch die Berge der Provinz Otago erstreckt. Es ist eine nostalgische Fahrt zu den Schaffarmen bei *Glenorchie* auf der anderen Seeseite oder nach *Frankton* am Fuße der grandiosen *Remarkables*.

Westküste / Tasmanküste Es liegt alles dicht beisammen, Trockengebiete und Regenland, das Meer, die Obst- und Weinpflanzungen, die Berge mit den schönen Seen *Rotoroa* und *Rotoiti*, Nelsons zauberhaftes Hinterland. Die Westküste ist die Wetterseite: Der schmale Landstreifen zwischen Bergen und Meer ist eine Art Duschraum der Natur. In den kleinen Städten *Westport*, *Greymouth* und *Hokitika* sind Regentage und beißender Wind häufiger als Sonnenschein. Wer wollte schon im Regenland leben außer einigen tapferen irischen Kohlenarbeitern und den enthusiastischen Diggern, die vor hundertdreißig Jahren herbeiströmten, als Gold entdeckt wurde!

Entlang der Tasmanküste verläuft die Straße nach Süden. Bei klarer Sicht ein eindrucksvolles Bild: die anstürmende Brandung der Tasmansee vor der Felsküste! Der Westwind spielt in den zarten Blättern der Nikaupalmen, die großen Staubwedeln gleichen.

Wind und Strömung sind tückisch an der Westküste, nicht umsonst nannte Kapitän Cook einen Felsvorsprung *Cape Foulwind*. Heftige Brandung hat die merkwürdige Felsenküste von *Punakaiki* geformt, die aus übereinander gelagerten Sandsteinplatten besteht; sie sieht aus, als habe man Tausende von Pfannkuchen (Pancakes) gestapelt. Zwischen diesen Felsen (deren Alter auf dreißig Millionen Jahre geschätzt wird) donnert die Brandung, schießt durch röhrenartige Klüfte und rast zwischen die Blöcke; so hat sie tiefe Gräben wie Straßenschluchten ausgeschürft. Die Felsen von Punakaiki gleichen einer Stadt mit futuristischen Hochhäusern und Burgen.

Auf dem Weg nach Süden kommt man ab und zu an einer Schaffarm vorbei. Die Schafe laufen fast immer im nassen Pelz herum. Hier

Links oben: Der alte Leuchtturm von Akaroa auf der Banks-Halbinsel wurde an den Stadtrand versetzt und Touristen zugänglich gemacht. Links unten: Wache in der Rainbow Farm in Rotorua. Rechts: Englische Siedler gründeten das verschlafene Städtchen Wakefield und schufen sich hier unverkennbar ein Stück alter Heimat.

Die an sehenswerten Bauwerken nicht immer reichen Städte Neuseelands überraschen manchmal durch prachtvolle Kirchen: Ein Tudor-Bau in Thames, wo Kapitän Cook 1769 zum ersten Mal landete (oben); eine Kirche in Akaroa im klassizistischen Stil, die heute anders genutzt wird (unten links), und die St.-Mary's-Basilika in der schottischen Stadtgründung Invercargill (unten rechts).

Am Fox-Gletscher im Westland-Nationalpark, der sich von der Tasmansee bis zu den Südalpen erstreckt, bieten die von den Felsen herabstürzenden Wasserfälle ein grandioses Naturschauspiel.

im Regengebiet regeneriert sich das Weideland rasch.

Die Farmer der Westküste, heißt es, haben Schwimmhäute zwischen den Zehen. Die Straße zieht sich immer mehr von der Küste zurück, Urwald wuchert, schließt sich zu einer grünen Kuppel, man befindet sich in einem Dom aus Buchen, Myrten und Baumfarn; die Stämme der Bäume sind bedeckt mit grünen Flechtenfransen und Moos, die Blütensterne weißer Clematis, die rasierpinselartigen roten Ratablüten und Fuchsien zaubern bunte Punkte ins Grün. Wekahennen stelzen über die Straße, neugierig, diebisch, wenn sie einen Picknickkorb entdecken. Der Kiwi ist nur nachts unterwegs.

STEWART ISLAND

Vor der Südinsel liegt die dritte der größeren Inseln Neuseelands, Stewart Island.

Die Überfahrt mit der Fähre über die 24 Kilometer breite *Foveaux-Straße* zur Insel ist eine Reise in eine verzauberte Welt, in der es noch keine Uhrzeit gibt. Hier bekommt man eine Ahnung davon, wie Neuseeland war, ehe der Mensch es entdeckte. Diese weltvergessene dreieckige Insel, bestehend aus einem im Zentrum bis zu tausend Meter aufragenden Granitblock, ist von einer grünen Kappe aus dichtem Busch überzogen, unter der eine ungewöhnliche Vogelwelt Zuflucht gefunden hat. Hier sind viele Arten heimisch, die auf den großen Inseln zur Seltenheit geworden sind. Es gibt keine Stadt, keine Grandhotels, keinen organisierten Tourismus, nur wenige Straßen und wenige Autos; ein paar hundert Bewohner sind hier zu Hause, meist Rentner oder Fischer sowie alteingesessene Maori-Familien.

Die einzige Siedlung ist *Halfmoon Bay* (früher Oban genannt) in der gleichnamigen Bucht. Sie besteht aus ein paar kleinen Häusern, umgeben von Grün. Fischerboote und Yachten liegen am hölzernen Pier; der Fang von Fischen, Hummern und Austern ist Broterwerb der Inselbewohner. Kleine Motorboote führen die wenigen Touristen zu benachbarten, noch einsameren Inseln wie *Ulva* und *Iona*. Hier kennt jeder jeden, in einem kleinen Krämerladen kann man nach einem Privatquartier fragen.

Auf Stewart Island braucht man keinen Wagen, denn nur zu Fuß oder per Boot läßt sich diese Insel erforschen. Am Ortsende von Halfmoon Bay hören die Straßen auf, schmale Wanderpfade führen weiter in den dichten, nach Humus und Blüten duftenden Busch. Unter den Kronen von Rimu- und Totara-Bäumen wuchern Farne, leuchten weiße Clematis und die roten Blüten des Ratabuschs, darunter wachsen Erdorchideen und Enziane. Überall tönen Vogelstimmen, der melodische Ruf des amselähnlichen Bellbirds oder des Tui, das laute Krächzen des Kakapapageis oder das «Weka-Weka» der Wekahenne, der Flügelschlag der blaugrünen Wildtaube. Flinke Fächerschwänzchen flitzen vorbei, der grüngoldene Langschwanz-Kuckuck ist durch das Laub zu sehen, und mit etwas Geduld kann man dem türkisfarbenen Eisvogel oder dem flugunfähigen, aussterbenden Kakapo-Papagei begegnen. Manchmal erklingt in der Dämmerung der merkwürdige «Ha-Ka-Wai»-Ruf eines geheimnisvollen Vogels, den niemand je gesehen hat – Stewart Island hat noch Geheimnisse.

Malerische Buchten mit Märchennamen umrahmen die Insel: *Port Pegasus, Hufeisen-* und *Kautabak-Bucht, Ringaringa-Bucht* und *Thule*. Namen wie die der drei kleinen Felseninseln vor der Thulebucht, «Glaube», «Liebe» und «Hoffnung», gehen sicher auf Missionare wie den deutschen Lutheraner Johann Friedrich Heinrich Wohlers zurück, an den ein Steinkreuz in der Ringaringa-Bucht erinnert. Im Sand der Buchten picken Möwen und Austernfischer, über dem offenen Meer zieht der graue Albatros seine Kreise. Im Frühling fallen Tausende von grauen Sturmvögeln ein, um ihre Brutzeit hier zu verbringen. Nur die Maori-Familien dürfen die fetten Küken aus den Bruthöhlen nehmen, denn die Rußsturmtaucher gelten bei ihnen seit Generationen als Delikatesse. Die Insel wehrte sich gegen alle Versuche der Nutzung und Ausbeutung. Nur klägliche, vom Busch überwucherte Reste sind von einer Sägemühle, einer Silbermine und einer Walfangstation übriggeblieben. Wenn man in der Abenddämmerung in der *Twilight Bay* ankommt, wo die letzten Sonnenstrahlen Bucht und Strand vergolden, leuchtet der Name «Zwielichtbucht» ein. In kühlen Nächten zucken die hellen Strahlen der Aurora Borealis, des Südlichts, über den Himmel. Wie wunderbar paßt zu dieser Insel der Name, den ihr die Maori gaben: Rakiura, Insel des leuchtenden Himmels.

Neuseeland

REGISTER

Kursive Ziffern verweisen auf Abbildungen.

PERSONENREGISTER

Adcock, Fleur *113*
Alpers, Anthony 112
Ashton-Warner, Sylvia 116
Athfield, Ian 111

Barker, Lady [Mary Anne] 112f.
Baughan, Blanche 113
Beauchamp, Kathleen → Mansfield, Katherine
Bethell, Ursula 113
Body, Jack 116
Broughton, John 116
Burns, Robert 156
Butler, Samuel 112

Cook, James 52, 58, *59*, 143, 145, 147, 154, 169, 173
Curnow, Allen *114*, 116

Devanny, Jean 114
Dieffenbach, Ernst von 141, 148
Domett, Alfred 113
Duff, Alan 116
Duggan, Eileen 113
Dumont d'Urville, Jules Sébastien César 58
Duncan, Alfred 47

Edmond, Lauris *114*
Elizabeth, Königin von England 81, 150

Fairburn, A.R.D. *113*, 116
Farjeon, Benjamin 112
Forster, Georg 58f., *59*
Forster, Johann 58f., *59*
Fox, William 18
Frame, Janet 112, *112*, 116
du Fresne, Marion 58

Glover, Denis *114*, 116
Godley, John Robert 86, *154*
Grace, Patricia *114*, 116
Grey, Sir George 112

Haast, Julius von 63, *125*, 141, 155
Harris, Ross 116

Hillary, Sir Edmund *115*
Hobson, William 60f., 84
Hochstetter, Ferdinand von 141
Hongi Hika, Maori-Häuptling 58f.
Hyde, Robin 114

Kiri Te Kanawa 143
Kupe, sagenhafter Seefahrer 142, 145

Lavaud, Charles François 58
Lee, John A. 116
Lilburn, Douglas 116

Mander, Jane 114
Mansfield, Katherine *112*, 114
Mark Twain 47
Marsden, Samuel 59
Marsh, Ngaio *113*, 116
Mason, R.A.K. 114, 116
Maui, Halbgott 52, 86
McDonald, Georgina 113
McLeod, Jenny 116
Mitcalfe, Barry 112
Mulgan, John 114

Napoleon 153
Ngata, Sir Apirana 112

Orbell, Margaret 112

Plischke, Ernst 111
Powell, Kit 116

Rakaihautu, Riese 19
Read, Gabriel 62
Rees, William 18
Reeves, Sir Paul 81
Reischek, Andreas 155
Rutherford, Ernest *115*

Sargeson, Frank 116
Satchell, William 113
Scott, Mary 113
Scott, Robert Falcon 155
Simpson, George 47

Tane, Gott des Waldes 47
Tasman, Abel 58
Tawhiao, König 68

Te Ata-i-rangi-kaahu, Dame *115*
Teira, Maori-Häuptling 68
Te Kooti, Maori-Krieger 68
Te Rauparaha, Maori-Häuptling 58
Thimaera, Witi 116
Tizard, Dame Kath 81
Turner, Brian *114*
Tu Ua, Prophet der Maori 68
Tuwhare, Hone *114*, 116
Twain, Mark → Mark Twain

Victoria, Königin von England 81, 154

Wakefield, Edward Gibbon 60f.
Wakefield, William 60
Wendt, Albert 82, 111
Wiremu Kingi, Maori-Häuptling 68
Wohlers, Johann Friedrich Heinrich *176*

ORTS- UND SACHREGISTER

Akaroa 62, 86, 153 f., *174*, *175*
– Langlois-Éteneveaux-Haus 153
Alpen → Southern Alps
Aorangi → Mount Cook
Arrow River *61*
Arrowtown 18, *84*, *85*, 169
Art deco 22, 147
Arthurs-Paß 172
Auckland *15*, 15, 19, 61, 68, 73, 82, 83, 84, *84*, 85f., *87*, *94*, *95*, *96/97*, *98*, *99*, *100/101*, *102*, *103*, *104/105*, 143, 144
– Aotea Centre 86
– Auckland City Art Gallery 85
– Auckland War Memorial Museum 85
– Bay Bridge *145*
– Hauptpost *94*
– Parnell 144
– Queen Street 84, *95*, 144
– Townhall *98*
– Waimatea, Hafen 143
Aurora Borealis 176
Avon River 86, 154

Banks Peninsula *130/131*, 153, 156, *162/163*

Bay of Islands *10/11*, *24/25*, 58, 60, 69, 145, *146*, *147*
Bay of Plenty 141, 145 f., 153
Bay of Poverty 145 f.
Benmore *129*
Blue Lake *28/29*
Brighton Beach *165*

Cambridge *23*, 68, *74/75*
Canterbury Association 61
Canterbury Plains 17, 86, 154
Cape Foulwind 173
Cape Kidnappers 146
Cape Reinga 146
Christchurch 15, 17, 61, *66*, *67*, *77*, *80*, *82*, *85*, 86, *106*, *107*, 111 f., 154 f., *154*, 156
– Arts Centre 86
– Christ's College *80*, 86, 154
– Hauptpost *106*
– Kathedrale 86, 154, *154*
– Maori Centre *142*
– Town Hall 86
Commonwealth 81
Cook-Insulaner 82
Cook-Straße 22, 141, 155 f.
Coromandel 58, *145*, *146*
Court of Appeal 81

Dannevirke 62
Desert Road 17, 148
Doubtful Sound 156
Dunedin 61 ff., *61*, *66*, 84, 111, *155*, 156, *157*, *165*
– Early Settlers Museum 14
Dusky Sound 156

EG 81
Eglinton River *120*
Erdbeben 22, 67, 86, 147
Eyre Mountains *132/133*

Film 111
Fjordland *1*, 16 f., *20*, 22, *118/119*, *120*, *134*, 141, 156
Fjordland National Park *120*, *135*, 156
Flora 22, *43*, *44/45*, 141, 149, 169, 176
Foveaux-Straße 176
Fox-Gletscher *21*, *122/123*, 172, *176*

178

Franklin Mountains 134
Frankton 173
Franz-Josef-Gletscher 2/3, 125, 136/137, 138/139, 140, 172
French Farm 154

Geysire 21f., 39, 141, 152
Gisborne 147
Glenorchie 173
Goldgräber 15, 18, 62f., 62, 63, 144, 156, 169, 173
Greymouth 173

Haast-Paßstraße 156, 172
Halfmoon-Bay 176
Hamilton 68, 85, 111, 147
Hanmer Springs 172
Hastings 17, 147
Hauauismus 68
Hauraki Gulf 83
Hawaiki 49
Hawke's Bay 13, 145ff.
Heretaunga Plains 17
Hokitika 63, 68, 173
Holzhäuser 111
Homer-Tunnel 169
Hufeisen-Bucht 176
Hutt Valley 86

Industrie 48, 84
Invercargill 108/109, 175
Iona 176

Kaikoura 82, 160
Kaikoura Mountains 156
Kapiti 58
Katikati 62
Kauri-Bäume 58, 64, 149
Kautabakbucht 176
Kawerau 21, 141, 146
Kepler Mountains 135
Kerikeri 145
King Country 147
Klima 141
Königsalbatrosse 156, 157
Kolonisation 14f., 47, 58ff., 68, 114
Kororareka → Russell
Kunsthandwerk 53, 111

Labour-Party 81
Lake
– Benmore 129
– County 19
– Hawea 18
– Manapauri 8/9, 18, 156
– Mangamahoe 147
– Matheson 19, 126/127, 172
– Ohau 169
– Pukaki 169
– Rotoiti 173
– Rotoroa 173
– Rotorua 149, 152
– Tarawera 12
– Taupo 19, 21, 21, 141, 149
– Te Anau 8/9, 18, 156
– Tekapo 16, 169
– Waikaremoana 149
– Wakatipu 18, 47, 173
– Wanaka 18, 169
Landkriege 61, 68, 86
Landwirtschaft 47ff.
Larnach Castle 170
Lewis-Paß 172
Literatur 111ff., 116
Lyttleton 86, 156

Mackenzieland 156, 169
Manapouri 135, 173
Maori 13f., 18f., 21f., 47, 49, 50, 51, 52f., 52, 54, 56, 57, 58ff., 68, 77, 81, 84ff., 111f., 116, 141ff., 148f., 148, 153, 156, 169, 176
– Kunsthandwerk 13, 53, 53, 55, 142, 152
– Ngati Awa 21
– Tänze 54, 55, 143
– Tangas 143
– Te Ati Awa 68
– Waikato 68
Marlborough Sounds 147
Marvia Springs 172
Milford 18f.
Milford Sound 1, 18f., 18, 117, 118/119, 156, 169
Mitre Peak 118/119, 169
Moa 22, 52
Moeraki Boulders 166/167
Mokoia 149
Monarchie 81, 150
Mossburn 132/133
Mount
– Cook 19, 121, 169, 172
– Cook National Park 121, 128, 169
– Eden 85, 145
– Edgecumbe 21
– Egmont 20, 141, 147
– Maunganui 149
– Matheson 19
– Ngauruhoe 19, 141, 148
– One Tree Hill 85, 145
– Pihanga 20
– Ruapehu 20, 148
– Tasman 19, 172
– Tauhara 21
– Tongariro 20, 148
– Victoria 152
Musik 114, 116

Napier 17, 22, 50, 67, 78/79, 147, 147
National Party 81
Nelson 15, 61, 72, 141, 169, 173
Nelson Lakes National Park 19
Neurantzau → Upper Moutere
New Plymouth 20, 61, 68, 148f.
New Zealand Company 15, 59, 60f.
New Zealand Constitution Act 81
Ninety Mile Beach 6/7
Niue 82
Norsewood 62

Ohinemutu 153
Opua 145
Orakei Korako 149
Otago 62f., 169, 170, 171
Otago Harbour 156
Otago Peninsula 157
Otago, Provinz 13, 61, 111, 173
Otematata 129

Paeroa Range 46
Palmerston North 47
Pancake Rocks 158/159, 161, 173
Pelorus Sound 147
Pferdezucht 23, 74/75
Picton 147, 156, 169
Pipiriki 13
Polynesien 15, 82f., 142, 144
Porirua 86
Port Hills 154, 156
Port Nicholson → Wellington
Port Pegasus 176
Puhoi 62, 149
Punakaiki → Pancake Rocks
Putauaki → Mount Edgecumbe

Queenstown 18, 171

Raiatea 142
Rakiura 176
Rangitoto 143
Raumai 65
Remarkables 18, 173
Rinderzucht 24/25, 65
Ringaringa-Bucht 176
Rotorua 14, 20, 22, 28/29, 34, 50, 70/71, 148, 149, 174
Roxburgh 63
Ruapehu 141
Ruatoria 47
Russell 10/11, 58, 69, 145

Samoa 49, 82
Schafzucht 8/9, 26/27, 28/29, 47, 48, 49, 65, 130/131, 169, 173
Seventeen Mile Bluff 164, 168
Shantytown 169
Shotover River 18
Siedler → Kolonisation
Southern Alps 16, 141, 169, 172
Sport 155
Stewart Island 52, 141, 176

Taiaroa Head 156, 157
Taranaki → Mount Egmont
Taranaki (Landstrich) 68
Tarawera, Vulkan 22, 149
Tasmangletscher 128, 169
Tasmanküste 173
Tasmansee 146f.
Taumaranui 13
Tauranga 68, 149
Te Anau 19, 134
Te Awamutu 68
Thames 175
Theater 84, 111, 150, 155f.
The Treaty of Waitangi 60f., 68, 81
Thule 176
Tierwelt 22, 47, 141f., 146, 156, 169, 176
Tikitere 149
Tokelau 82
Tongariro National Park 20, 44/45, 149
Tuhoe-Maori 4/5
Turangi 20
Twilight Bay 176

Ulva 176
Upper Moutere 169
Urewera National Park 4/5, 32/33, 149, 149

Vulkane 19f., 141, 143, 147ff., 153, 156

Waikato 86, 147
Waimangu 36/37, 149
Waioru 44/45
Waiotapu 35, 38, 39, 46
Waipoua Kauri Forest 30, 31
Waipu 62
Wairakei 149
Wairarapa 47
Waitangi 13, 16, 17, 24/25, 60, 60, 145, 149
Waitangi River 40/41
Waitara 68
Waitomo, Höhlen 147, 156
Wakefield 72, 76, 174
Walfang 15, 147, 153, 156, 176
Wanganui, Fluß 13, 20, 147
Wanganui, Stadt 13, 15, 61
Wangarei 149
Wellington 15, 22, 47, 49, 58, 61, 66, 81, 83, 84, 86, 88/89, 90, 91, 92/93, 111, 142, 147, 149, 150, 151, 152, 156
– Massey House 111
– Michael Fowler Centre 86
– National Museum 153
– Old St. Paul's Church 111
– Parlamentsgebäude 111
– Schiffahrtsmuseum 153
Wellsford 111
West Coast 63
Westland National Park 1, 122/123, 124, 126/127
Westport 173
Whakarewarewa 55, 56, 57, 152
White Island 141, 153
Woodville 26/27

BILDNACHWEIS

Alexander Turnbull Library, Wellington: S. 62 l., 63 u. r., 64 o.

Archiv für Kunst und Geschichte, Berlin: S. 50 o., 54 o. und u. r., 55 o. und u. l., 56 o. l. und u. r., 59 u., 115 o. r. und u. r.

Bildarchiv Preußischer Kulturbesitz, Berlin: S. 52 o. M., 142 M.

The Hulton Deutsch Collection, London: S. 61 o. r. und u., 62/63 M., 66 (3), 67 o., 112 l.

New Zealand Book Council, Wellington: S. 113 l. und u., 114 (6)

New Zealand Embassy, Bonn: S. 115 l.

New Zealand Information Service, Wellington: S. 58 r., 59 o. und r., 60 l., 63 o. r.

New Zealand National Publicity Studios, Wellington: S. 52 l., 61 o. l., 113 r.

Printing Office, Wellington: S. 60 r.

Suhrkamp Verlag, Frankfurt/Main: S. 112 l.

Ullstein-Bilderdienst, Berlin: S. 52 u. r., 53 (2), 54 u. l., 56 o. r., M. und u. l., 57 o. l. und u., 58 l., 64 u. l., 65 o. und u. r., 67 u. l. und r.

Verlag C.J. Bucher GmbH, München: S. 51 u. r., 52 o. r., 55 u. r., 57 o. r., 64 u. r., 65 u. l.

Wir danken allen Rechteinhabern und Verlagen für die freundliche Erlaubnis zum Nachdruck. Trotz intensiver Bemühungen war es nicht möglich, alle Rechteinhaber zu ermitteln. Wir bitten diese, sich an den Verlag zu wenden.

Alle übrigen Abbildungen stammen von Axel M. Mosler, Dortmund.

Axel M. Mosler fotografiert mit Leica-Kameras und verwendet Objektive von 19 bis 250 mm. Die Panoramaaufnahmen fertigte er mit der Linhof Technorama Kamera 6 × 17 cm an.

Die Karte auf S. 177 zeichnete Peter Schmid, München.

IMPRESSUM

Bildkonzeption: Axel Schenck
Lektorat: Bettina Blumenberg, Bettina Eschenhagen
Bilddokumentation:
Maria Guntermann
Graphische Gestaltung:
Peter Schmid
Herstellung: Angelika Kerscher

© 1991, 1992, 1993
by Verlag C.J. Bucher,
München
Alle Rechte vorbehalten
Printed and bound in Germany
ISBN 3 7658 0701 X